MW01715399

Aidez votre enfant à vaincre sa timidité

Pour aider les enfants timides à s'affirmer

Richard Brozovich, Ph.D.
Linda Chase, LMSW

Broquet

97-B, montée des Bouleaux,
Saint-Constant, Qc, Canada J5A 1A9
www.broquet.qc.ca info@broquet.qc.ca
Tél. : 450 638-3338 Téléc. : 450 638-4338

Catalogage avant publication de Bibliothèque et Archives nationales du Québec et Bibliothèque et Archives Canada

Brozovich, Richard, 1940-

Aidez votre enfant à vaincre sa timidité

(Guide d'entraide pour parents et enfants)

Traduction de: *Say goodbye to being shy*.

ISBN 978-2-89654-081-5

1. Timidité chez l'enfant. 2. Assertivité chez l'enfant. I. Chase, Linda, LMSW. II. Titre.

BF723.B3B7614 2009 155.4'18232 C2009-940593-8

Pour l'aide à la réalisation de son programme éditorial, l'éditeur remercie:

Le gouvernement du Canada par l'entremise du Programme d'aide au développement de l'industrie de l'édition (PADIÉ); la Société de développement des entreprises culturelles (SODEC); l'Association pour l'exportation du livre canadien (AELC).

Le gouvernement du Québec – Programme de crédit d'impôt pour l'édition de livres – Gestion SODEC.

Note de l'éditeur

Cette publication a été conçue dans le but de donner des informations justes et documentées à propos du sujet abordé, mais le lecteur comprendra qu'elle ne peut tenir lieu de services psychologiques, financiers, juridiques ou autres. Si vous avez besoin d'aide professionnelle, retenez les services d'un professionnel compétent.

Titre original: *Say goodbye to being shy*

Instant Help Books
Une division de New Harbinger Publications, Inc.
5674 Shattuck Avenue
Oakland, CA 94609
www.newharbinger.com

Crédits photographiques
Page couverture © Gelpi | Dreamstime.com
Illustrations © Steve Barr

La photo de la page couverture représente un mannequin utilisé uniquement à des fins d'illustration.

Pour l'édition en langue française:
Traduction: Anne-Marie Courtemanche
Révision: Andrée Laprise
Correction d'épreuves: François Roberge
Infographie: Annabelle Gauthier

Dépôt légal - Bibliothèque et Archives nationales du Québec
2e trimestre 2009

Imprimé au Canada

ISBN 978-2-89654-081-5

À tous les enfants avec qui nous avons travaillé qui nous ont tant appris sur les façons de surmonter la timidité.

Remerciements

Nous remercions chaleureusement toutes les personnes qui ont contribué à la création de ce livre. Nous souhaitons remercier tout particulièrement :

Doug Chase, dont les précieuses suggestions et le talent en édition ont largement contribué à la clarté du contenu de ce livre.

Karen Brozovich, dont les idées créatives ont été intégrées au livre.

Les petits-enfants de la famille Brozovich qui nous ont expliqué ce que c'est d'être un enfant timide.

Nos conjoints, Diane Brozovich et Karl Chase, qui continuent de nous offrir encouragements et soutien sans faille.

Table des matières

Aux parents

La timidité est monnaie courante chez les enfants. D'ailleurs, plus d'un adulte sur trois affirme avoir été timide à une période ou l'autre de son enfance. Beaucoup de parents croient que leur enfant se débarrassera seul de sa timidité. Pourtant, si votre enfant a vécu des périodes apparentes de timidité pendant plus de six mois, il est fort probable que sa timidité deviendra un modèle de comportement. Évidemment, c'est un modèle que vous souhaitez éviter.

Il n'y a rien d'agréable à être timide. Je le sais, parce que je l'étais lorsque j'étais enfant, puis à l'adolescence. Je n'aimais pas prendre la parole en classe ; je détestais rencontrer de nouvelles personnes et je n'avais pas beaucoup d'amis parce que j'étais trop timide pour aller les voir et leur parler. Je n'ai pas appris à surmonter ma timidité avant la mi-vingtaine. Même aujourd'hui, même si bien des gens considèrent que je suis extraverti, je me sens toujours comme une personne timide à l'intérieur de moi. Je ne souhaite la timidité à personne, et je suis certain que vous pensez comme moi.

La plupart des enfants timides montrent rapidement des signes d'anxiété et d'hypervigilance lorsqu'ils sont très jeunes – parfois aussi jeunes que quelques mois. Les scientifiques affirment qu'il existe un gène de la timidité. Donc, si un enfant naît avec lui, son cerveau réagit avec plus d'anxiété et de peur qu'un enfant qui n'est pas porteur.

La bonne nouvelle est que les enfants peuvent développer des aptitudes émotionnelles, sociales et comportementales pour surmonter leur prédisposition génétique à la timidité. D'ailleurs, plus vite ils le font, mieux c'est. En fait, des études utilisant des tests standardisés de comportement et de personnalité suggèrent qu'il est impossible de distinguer les enfants à qui on enseigne à un jeune âge des aptitudes pour surmonter leur timidité de ceux qui n'ont jamais été timides.

Les activités de ce livre ont été utilisées par ses auteurs pour aider un très grand nombre d'enfants à surmonter leur timidité. Elles apprendront à votre enfant à se calmer seul et à se détendre contre l'anxiété ou la peur, à maîtriser les aptitudes de base de l'interaction sociale, comme établir un contact visuel et sourire, et à transformer les pensées d'autocritique négatives en pensées positives.

Toutes les activités contenues dans ce livre seront bénéfiques pour votre enfant, mais elles pourraient aussi l'être pour vous si vous êtes timide ! Toutefois, certains enfants peuvent avoir besoin d'une aide supplémentaire. Une très fine ligne sépare la timidité du trouble anxieux. N'hésitez pas à obtenir des conseils d'un professionnel si vous croyez que votre enfant a dépassé cette ligne. Si vous croyez que la timidité de votre enfant l'empêche d'avoir des activités normales pour son âge, par exemple faire partie d'une équipe, d'un club ou d'aller jouer chez ses amis, vous devriez consulter un professionnel. Ce livre d'activités n'en sera pas moins précieux si vous l'utilisez pour renforcer les aptitudes que votre enfant apprend à développer en consultation.

Alors que vous aidez votre enfant, vous remarquerez peut-être qu'il lui est difficile d'aborder certains sujets. Si c'est le cas, ne le forcez jamais à le faire. Le meilleur moyen d'apprendre à un enfant à s'ouvrir est d'être un bon exemple. Partagez avec lui vos pensées, vos sentiments et vos expériences en lien avec chacune des activités. Mettez l'accent sur les méthodes positives que vous avez adoptées pour contrer ces problèmes. Vos paroles auront un impact sur son comportement, même s'il ne réagit pas immédiatement.

Il n'y a pas de mauvaise façon d'utiliser ce livre d'exercices, dans la mesure où vous demeurez patient et respectueux des sentiments de votre enfant. S'il consulte un thérapeute, parlez-lui de ce livre, il souhaitera peut-être y ajouter des idées ou vous conseiller sur la meilleure façon de l'utiliser.

La timidité est un grave problème qui peut durer toute une vie. Je sais pourtant que grâce à ce livre, il est possible pour votre enfant de la surmonter. Mais c'est votre patience et votre compréhension qui feront toute la différence.

Sincèrement,

Lawrence E. Shapiro, Ph.D.

Comment utiliser le livre *Aidez votre enfant à vaincre sa timidité*

Dix conseils pour les parents et les thérapeutes

1. Favoriser la pratique. Rappelez à l'enfant que les activités seront plus bénéfiques si elles sont répétées régulièrement. Lire ce livre d'activités ne peut modifier de comportement. C'est la pratique des activités qui ouvre cette possibilité.

2. Favoriser la consignation. Aidez l'enfant à développer des systèmes qui lui permettront de tenir le compte du temps consacré à la pratique de ses nouvelles aptitudes. Vous pouvez utiliser des tableaux ou des graphiques pour consigner ses efforts. Cette consignation sera pour lui la preuve de son progrès. Cela peut être particulièrement utile lorsque l'enfant se décourage.

3. Renforcer le comportement souhaité. Utilisez le système décrit dans l'Activité 1 : Ta liste de récompenses, consignez les points et offrez les récompenses que l'enfant a méritées. Au lieu de dire « Bravo » ou « Bon travail », renforcez le comportement en précisant : « Tu as fait un bon travail en commandant toi-même ce que tu veux manger. »

4. Être un modèle de comportement. Montrez à l'enfant que les adultes ont aussi besoin de faire des efforts pour modifier leur comportement. Pensez à vos réussites pour surmonter vos problèmes ou encore à vos batailles pour relever de nouveaux défis, puis partagez les expériences appropriées avec l'enfant.

5. Être un(e) meneur(se) de claque. Encouragez gentiment l'enfant à tenter d'adopter des comportements qu'il trouve difficiles, tout en évitant la tentation de le submerger de suggestions. Énoncez vos conseils brièvement et de manière positive, par exemple : « C'est une très bonne réponse ! Recommençons. Cette fois-ci, essaie d'établir un contact visuel pendant que tu parles. » Évitez les critiques et ayez comme règle de faire huit commentaires positifs inconditionnels avant de faire une suggestion d'amélioration.

6. Jouer un rôle. Prenez le rôle d'une personne face à laquelle l'enfant est timide ; par exemple, un professeur avec qui l'enfant a de la difficulté à interagir. Participez au jeu de rôles avec enthousiasme et essayez de créer une expérience réaliste pour l'enfant.

7. Proposer une répétition générale. Pour préparer l'enfant à cette nouvelle expérience, proposez-lui une répétition générale. Rendez l'exercice plus réaliste en changeant votre apparence et, idéalement, en portant des accessoires. Pour aider l'enfant, faites-lui visiter le lieu de l'activité à l'avance. Par exemple, si l'enfant est invité à une fête de patinage, amenez-le à l'anneau de patinage avant l'événement. Donnez-lui la possibilité de répéter les comportements qu'il risque le plus de devoir adopter.

8. Poser des questions. Demandez à l'enfant de répondre à des questions importantes comme :

   - Qu'est-ce qui t'aiderait à travailler cette nouvelle aptitude ?
   - Que puis-je faire pour t'aider ?
   - Qu'est-ce que ton professeur pourrait faire pour t'aider ?
   - Qui d'autre pourrait t'aider ?

9. Être patient. N'oubliez pas que le développement de la confiance en soi et de l'affirmation de soi est progressif, et que c'est une tâche difficile pour tout enfant avec un historique de comportement timide. Laissez-le donc établir le rythme. Avec des mots et votre comportement, montrez le type de patience que vous aimeriez que l'enfant ait pour lui-même.

10. Imaginer la réussite. Imaginez que l'enfant fait preuve de confiance en lui et qu'il est assertif. Imaginez des scénarios dans lesquels la timidité a disparu et où il interagit de façon détendue et confiante. Au fur et à mesure que vous développez cette image mentale, votre attitude et votre langage corporel vous permettront de véhiculer votre croyance à l'enfant de manière subtile, mais efficace. Vous verrez en lui des possibilités qu'il ne voit pas encore et créerez l'espoir dont il a besoin pour réussir.

Remarque : Les activités de ce livre sont organisées dans un certain ordre. En faisant les activités dans l'ordre, l'enfant pourra développer des aptitudes qui facilitent l'apprentissage d'un nouveau comportement. À moins qu'une situation précise exige d'effectuer certaines activités dans un ordre différent, nous vous suggérons de les réaliser dans la séquence présentée.

Un message pour nos jeunes lecteurs

Bonjour ! Je suis très heureux que tu aies choisi de dire adieu à la timidité. Les activités de ce livre ont aidé beaucoup d'autres personnes, et elles ne manqueront pas de t'aider aussi.

La timidité est une façon d'exprimer la peur. Ce sentiment peut t'empêcher de vivre une vie heureuse. Il peut aussi t'empêcher d'avoir du plaisir avec ta famille et avec tes amis, et de rencontrer de nouvelles personnes. Comment peux-tu te débarrasser de ce sentiment qui te cause tant de soucis ? C'est à cela que te servira ce livre. Il déborde d'activités qui t'aideront à dire adieu à la timidité. Plusieurs activités sont d'ailleurs amusantes ; elles te permettront d'essayer de nouvelles choses.

À partir d'aujourd'hui, cesse de te considérer comme une personne timide. Imagine-toi plutôt comme quelqu'un qui agit parfois avec timidité. Imagine comment sera la vie lorsque tu ne seras plus timide. Imagine que tu ris et que tu parles à de nouvelles personnes, que tu te fais de nouveaux amis et que tu as du plaisir. En fait, pendant que tu réalises les activités de ce livre, tu devrais y penser souvent. De cette façon, la timidité disparaîtra plus rapidement. Bien plus vite que tu le crois, toutes les bonnes choses que tu auras imaginées deviendront réalité.

Chaque fois que tu réaliseras une de ces activités, tu deviendras un peu moins timide. Donc, plus tu fais d'activités, moins tu seras timide. De plus, si tu en fais un grand nombre, tu pourras dire adieu à la timidité et bonjour au plaisir d'avoir plus d'amis. Au fur et à mesure que la timidité s'éloignera, tu seras en mesure de commencer à faire des choses que tu n'aurais jamais osé faire auparavant. Peut-être iras-tu dormir chez des amis ou à une fête d'anniversaire pour la première fois… peut-être aussi trouveras-tu le courage de parler devant ta classe. Plus ta confiance se développe, plus tu auras de plaisir à réaliser toutes ces choses.

Plusieurs des activités du livre comptent de l'écriture. Tu peux donc répondre toi-même aux questions ou demander à un adulte d'écouter tes réponses et de les transcrire. Le plus important est que tu réfléchisses à tes réponses. Celles-ci doivent être écrites dans le livre, mais ça ne change rien si quelqu'un les transcrit pour toi.

On te demandera de faire plusieurs choses, dans un ordre bien précis, ce que tu trouveras peut-être un peu difficile (mais pas trop). Vas-y une étape à la fois et tu seras en mesure d'atteindre ton but. Un de tes parents ou ton conseiller/thérapeute peut aussi t'aider.

C'est le moment de se préparer. Allons-y !

Merci,

Richard Brozovich et Linda Chase

Activité 1

Ma liste de récompenses

À propos de cette activité

L'objectif de cette activité est d'élaborer une liste de récompenses qui te motiveront à faire les activités. En te servant des récompenses pour améliorer ta performance, tu appendras à travailler plus fort pour atteindre tes objectifs.

Dans bien des cas, les gens travaillent fort parce qu'ils aiment ce qu'ils font. Parfois, leur travail les aide à bien se sentir. Dans d'autres cas, ils savent que leur travail acharné donnera des résultats dans l'avenir. Parfois, les gens ont tendance à travailler plus fort lorsqu'ils savent qu'il obtiendront une récompense une fois le travail terminé.

Pour chaque activité que tu réalises dans ce livre, tu obtiendras des points récompenses. Le livre suggère le nombre de points que tu peux obtenir pour chaque activité. Dans la présente activité, tes parents ou ton conseiller et toi élaborerez une liste des récompenses que tu peux obtenir recevoir en échange de ces points. Les récompenses doivent être des objets, des privilèges ou des activités que tu souhaites vraiment et que tes parents seront heureux de t'offrir. Elles doivent donc être spéciales; ce ne sont pas des activités du quotidien. Tes parents et toi devrez vous mettre d'accord sur plusieurs points concernant chaque récompense potentielle inscrite sur ta liste.

Voici un exemple d'une liste de récompenses élaborée par Bruno et son père. N'oublie pas qu'il s'agit d'objets, de privilèges et d'activités que Bruno souhaitait vraiment et que son père est heureux de lui offrir. Tes parents ne sont peut-être pas d'accord avec l'ensemble de ces récompenses... Peut-être aussi que certaines d'entre elles ne t'intéressent pas. Tes parents et toi devez donc élaborer ensemble une liste de récompenses qui t'est personnelle.

Récompense	**Points nécessaires**
Gâterie au bar laitier	35
5 $ à dépenser dans ta boutique préférée	90
Aller au lit 30 minutes plus tard	20
Louer un film ou un jeu de ton choix	45
30 minutes de jeu avec ton père	45
Nouveau vélo de montagne	1 400
Congé de tâches ménagères pour une journée	30

À la page suivante se trouve un espace pour dresser ta propre liste de récompenses. Tu peux en ajouter à la liste ou les modifier en tout temps, mais tes parents doivent être d'accord avec tes changements.

Ma liste de récompenses

Récompense	Points nécessaires

____________________ __________

Signature de ton ou de tes parents Date

____________________ __________

Ta signature Date

Activité
1

Ma liste de récompenses

Pour utiliser la liste de récompenses, ton parent et toi devez tenir un registre des points obtenus et des points utilisés. Voici un exemple de registre.

Date	Points obtenus	Récompense et points utilisés	Points à utiliser
1 oct.	5	0	5
2 oct.	8	0	13
3 oct.	7	0	20
4 oct.	12	0	32
5 oct.	0	0	32
6 oct.	10	0	42
7 oct.	12	Crème glacée - 35	19
8 oct.	14	0	33
9 oct.	15	0	48
10 oct.	12	0	60

Remarque que lorsque Bruno a utilisé des points pour sa crème glacée, ils ont été soustraits de la colonne des points à utiliser.

À la page suivante, tu peux commencer ton propre registre de points de récompenses. Avant de commencer, photocopie la page pour toujours avoir au moins une copie vierge. La liste des récompenses et le registre deviendront des raisons supplémentaires de travailler chaque jour sur tes activités.

Points récompenses

5 points pour la lecture de cette activité.

5 points pour avoir établi « Ma liste de récompenses. »

Mes points récompenses

Date	Points obtenus	Récompense et points utilisés	Points à utiliser

Tes moments de timidité

À propos de cette activité

Tu apprendras que bien des gens agissent avec timidité dans certaines situations lesquelles sont tout à fait normales. Tu découvriras aussi que tu peux apprendre à faire face à ton sentiment de timidité en utilisant des trucs qui fonctionnent le mieux pour toi.

Bien des gens célèbres doivent aussi surmonter la timidité. Ce fut le cas d'un ancien président des États-Unis, Jimmy Carter, qui a dû travailler très fort pour développer sa confiance en lui. Il a dû être brave et solide pour surmonter sa timidité. Pour lui, il aurait sûrement été plus facile de rester à sa ferme. Pourtant, il a choisi de ne pas laisser la timidité dominer sa vie. Tu peux aussi faire comme l'ancien président Carter. Tu peux t'exercer, travailler fort et atteindre ton objectif.

Parfois, les adultes oublient qu'il peut être difficile d'être un enfant timide. Voici les paroles de deux enfants qui se remémorent un moment de timidité qu'ils ont vécu, et ce qu'ils ont fait pour s'en débarrasser. Voici ce qu'ils ont dit, dans leurs propres mots. Nous avons corrigé les fautes et la ponctuation!

Mes moments de timidité : Rachel (10 ans)

Je suis timide quand on me pose une question. Quand c'est quelqu'un que je ne connais pas bien, je me sens comme si mon estomac était vide. J'ai l'impression que je m'envole tellement je suis légère. Quand ça arrive, je compte jusqu'à dix en prenant une grande respiration. Puis, je pense à ma réponse, je la dis dans ma tête, puis je la dis à la personne.

Mes moments de timidité : Élizabeth (9 ans)

Mon récital de piano. Comment j'y suis arrivée ? Respire... compte jusqu'à 10... imagine que tout le monde est en sous-vêtements dans la salle et fais ce que tu as à faire ! Montre-leur de quoi tu es capable !

Ces deux enfants n'ont eu aucune difficulté à se remémorer des moments de timidité. Chacun a choisi une situation différente et a fait face à sa timidité à sa façon. Même si près de la moitié des enfants se disent timides, ils le sont tous de façon différente. Tu découvriras donc que certains trucs pour combattre la timidité fonctionnent pour toi et d'autres pas. Le plus important est que tu continues de trouver de nouvelles idées et d'utiliser celles les plus efficaces pour toi.

Tes moments de timidité

Activité 2

Dans tes mots, décris quelques-uns de tes moments de timidité, comme l'ont fait Rachel et Élizabeth. Explique ce que tu as fait pour la combattre.

Mes moments de timidités

par ______________________________

Mon premier moment de timidité : ______________________________

____

____

Ce que j'ai fait pour combattre ma timidité : ______________________________

____

____

____

____

Mon deuxième moment de timidité : ______________________________

____

____

Ce que j'ai fait pour combattre ma timidité : ______________________________

____

____

____

____

Tes moments de timidité

Mon troisième moment de timidité : ______________________________

Ce que j'ai fait pour combattre ma timidité : ______________________________

Si tu en as un, écris ton moyen préféré de combattre la timidité : ______________________________

Et continue de répéter ce qui fonctionne le mieux pour toi !

Points récompenses

5 points pour la lecture de cette activité.
2 points pour l'écriture d'un moment de timidité.
2 points de plus pour l'écriture de chaque moment de timidité additionnel.
2 points pour l'écriture de ton moyen préféré pour combattre la timidité.

Comment ressens-tu ta timidité ?

Activité
3

À propos de cette activité

La timidité est ressentie différemment par chaque personne. Dans le cadre de cette activité, tu auras la possibilité de réfléchir à la manière dont tu ressens ta timidité. Tu feras aussi un dessin pour illustrer à quel point tu te sens timide en ce moment. À la fin de ce livre, tu en feras un autre pour illustrer ton progrès.

La timidité, c'est loin d'être amusant. Coche ce qui t'arrive quand tu ressens de la timidité :

- ☐ J'ai mal à la tête.
- ☐ J'ai mal au ventre.
- ☐ Mon cœur bat plus vite.
- ☐ J'ai chaud.
- ☐ Je rougis.
- ☐ J'ai le souffle court.
- ☐ J'ai la bouche sèche.
- ☐ J'ai de la difficulté à avaler.
- ☐ Mes muscles se raidissent.
- ☐ Je me sens fatigué(e).
- ☐ Je suis grincheux(se).
- ☐ Je me sens triste.
- ☐ J'ai peur ou je suis inquiet(ète).
- ☐ Je me sens instable ou agité(e).
- ☐ J'évite de regarder les gens dans les yeux.
- ☐ J'ai envie de me cacher.
- ☐ J'ai de la difficulté à m'endormir ou je dors mal.
- ☐ J'ai de la difficulté à me concentrer.
- ☐ J'ai peur des autres.
- ☐ J'ai l'impression que tout le monde me regarde.
- ☐ J'ai peur de parler ou de demander de l'aide.
- ☐ Je fige et je ne fais rien.

Activité
3

Comment ressens-tu ta timidité ?

Réaliser les activités de ce livre t'aidera à te débarrasser de ta timidité et à la remplacer par du plaisir, des amis et des rires. Dans l'espace ci-dessous, dessine-toi avec ta timidité. Dessine un cercle au centre de ton corps pour illustrer ta timidité. As-tu l'impression que ta timidité est grosse comme :

une pièce de 25 cents,

ton estomac,

ton corps entier,

ou qu'elle est plus grande que toi ?

Inscris la date pour te rappeler quand tu as fait ce dessin.

Grâce aux activités de ce livre, tu te sentiras plus confiant(e) et détendu(e) la majorité du temps. Tu te sentiras plus heureux(se) et plus amical(e), tu auras plus d'amis et, surtout, tu auras plus de plaisir que jamais. Ta timidité diminuera de plus en plus.

Points récompenses

3 points pour la lecture de cette activité.

3 points pour avoir rempli la liste de vérification.

3 points pour avoir fait un dessin.

La tortue qui a appris comment sortir la tête de sa carapace

Activité
4

À propos de cette activité

Tu apprendras que chacun a sa façon bien à lui de réagir à ce qui l'entoure. Certaines personnes ont appris à réagir d'une façon qui ne leur est pas bénéfique. Dans le cas des personnes timides et anxieuses, les situations en apparence inoffensives peuvent causer de la peur et de la nervosité.

Le soleil étincelle sur l'étang calme alors que trois petits canards pataugent. Fred, la tortue timide, pointe le nez hors de l'eau. Lorsque Fred voit les canards, il replonge aussitôt dans l'eau et retourne dans sa maison, pour se sentir en sécurité.

Les frères et les sœurs de Fred ont aussi vu les canards, et ils sont curieux. Ils décident donc d'aller les voir et de jouer avec eux. À leur retour à la maison, ils racontent à Fred tout le plaisir qu'ils ont eu avec eux. Fred est perplexe. Pourquoi était-il le seul à avoir peur ?

Plus tard, Fred décida de nager jusqu'à la rive et de s'étendre au soleil avec ses frères et sœurs. Il se sentait bien et heureux alors que le soleil plombait sur sa carapace. La tête et les pattes à l'intérieur de sa carapace, Fred se sentait en sécurité.

« Ribbit, ribbit ! » Quel était ce bruit ? Fred était intéressé, mais il avait trop peur pour sortir la tête de sa carapace. Puis, il entendit un éclaboussement. Que se passait-il ? Après un moment, curieux, Fred décida se sortir juste un peu la tête. C'étaient ses frères et sœurs qui jouaient avec des grenouilles ! Ils sautaient d'un billot et produisaient de grosses éclaboussures. Puis, les grenouilles s'installèrent sur le dos des tortues et elles firent une promenade sur l'eau. Tout ça avait l'air bien amusant, mais Fred ne voulait pas essayer. Il avait peur de ne pas réussir à remonter sur le billot.

Ce soir-là, Fred était seul à la maison et il réfléchissait à toutes les activités amusantes qu'il avait manquées. Il était triste et se disait qu'il aimerait être plus brave. Il entendit alors quelqu'un frapper à la porte ; c'était l'oncle

La tortue qui a appris comment sortir la tête de sa carapace

Walter. Oncle Walter était le plus vieux et le plus sage de toutes les tortues de l'étang. Il vit tout de suite que Fred était triste.

« Qu'est-ce qui t'arrive, Fred ? » demanda oncle Walter. Fred aimait son oncle et il avait entièrement confiance en lui. Il savait aussi que son oncle Walter l'aimait beaucoup. Fred ne réussissait pas à parler, mais sentait des larmes de tortue couler sur ses joues. Oncle Walter le serra dans ses bras et lui dit : « Tu es une super tortue. Dis-moi ce qui ne va pas. »

« Je ne comprends pas pourquoi j'ai toujours si peur, dit Fred. Je ne suis pas comme les autres tortues. »

« Eh bien, fit oncle Walter, dis-toi que personne ne naît brave ! Les tortues ont des carapaces. Il est donc très facile pour elles de garder le cou et la tête à l'intérieur pour se sentir en sécurité. Nous devons apprendre qu'il faut parfois sortir la tête. Tu sais, Fred, plusieurs vieilles tortues sont restées toute leur vie en sécurité, mais elles ont raté beaucoup d'occasions de s'amuser parce qu'elles ne voulaient pas sortir la tête de leur carapace. »

« Comment puis-je savoir que c'est sécuritaire ? Savoir quand tenter ma chance ? dit Fred. Comment puis-je apprendre à être brave ? »

« Tu es brave, dit oncle Walter, parce que tu as eu le courage de me dire ce qui n'était pas facile à exprimer. Toi et moi pouvons travailler ensemble pour que tu sois éventuellement capable de sortir la tête de ta carapace et prendre de petits risques. Tu apprendras progressivement, comme je l'ai fait que, pour avoir du plaisir dans la vie, il faut choisir les bons moments pour sortir de sa carapace. Cet apprentissage nécessitera de la bravoure, de la patience et du travail acharné. Es-tu prêt à essayer ? »

« Oh oui ! dit Fred. Je veux apprendre à être comme toi quand je serai grand. »

La tortue qui a appris comment sortir la tête de sa carapace

Réfléchis à l'histoire de Fred et réponds aux questions suivantes. Au besoin, demande à un de tes parents ou à ton conseiller de t'aider.

Que veulent dire les gens lorsqu'ils parlent de sortir la tête de la carapace ?

____

____

Penses-tu que certaines tortues sortent davantage la tête de leur carapace que d'autres ? Pourquoi ? Qu'est-ce qui arrive de bon à celles prêtes à sortir la tête de leur carapace ?

____

____

Que voulait dire oncle Walter par cette phrase : « Dis-toi que personne ne naît brave » ?

____

____

Oncle Walter a expliqué à Fred qu'il lui apprendrait à prendre de petits risques. Pourquoi penses-tu qu'oncle Walter souhaite commencer par de petits risques ?

____

____

Quels petits risques Fred peut-il prendre pour exercer sa bravoure ?

____

____

BRAVO!

Points récompenses

5 points pour la lecture de cette activité.
2 points pour chaque réponse écrite.

Activité 5

Être brave

À propos de cette activité

Tu apprendras que chacun est brave à sa façon. Penser à la bravoure t'aidera à te préparer à être encore plus brave.

Savais-tu que tu agis avec bravoure chaque jour ? Peut-être es-tu un peu inquiet(ète) lorsque tu prends l'autobus chaque jour pour aller à l'école, mais tu le fais quand même. La cafétéria de l'école est parfois bruyante et inquiétante, mais tu y vas quand même. Chaque jour, chacun fait face à plusieurs défis. C'est à nous de décider d'y faire face ou de les éviter. Chacun est brave à sa façon et ce qui est facile pour un ne l'est pas nécessairement pour l'autre.

Un moyen d'être brave est de toujours faire ce qu'il faut, même quand tu as peur. Si tu as peur de parler devant ta classe et que tu le fais quand même, tu agis avec bravoure. Si tu as peur de dire bonjour à un nouvel élève et que tu le fais quand même, tu agis avec bravoure. Tout de suite après avoir fait un acte de bravoure, fais une pause et remarque comment tu te sens. N'est-ce pas un sentiment génial ?

Pense aux gens qui sont devenus des héros en réalisant des actes de bravoure. Un joueur de baseball n'était pas toujours choisi pour faire partie d'une équipe lorsqu'il est enfant, mais il a continué à s'entraîner jusqu'à ce qu'il devienne excellent à ce sport. Une jeune fille qui se faisait taquiner pour ses gestes est devenue une héroïne parce qu'elle a continué à faire ce qu'il faut, malgré les taquineries. Peu importe la situation, un héros agit toujours avec bravoure avant de devenir extraordinaire. Chaque fois que tu lis une histoire à propos d'un héros célèbre, n'oublie pas d'identifier ses actes de bravoure.

Entrevue

À l'aide des questions ci-dessous, demande à un adolescent ou à un adulte de te parler d'un acte de bravoure qu'il ou elle a fait.

Nom de la personne : ______________________________

Quel acte de bravoure as-tu réalisé ? ______________________________

____

____

Quand cela s'est-il passé ? ______________________________

Comment as-tu réussi à faire ce geste de bravoure malgré la peur ?

____

____

____

____

Comment t'es-tu senti(e) ensuite ?

____

____

Un moment de bravoure

Pense à ta vie, choisis un moment de bravoure et décris-le ci-dessous.

Ce que tu as fait :

____

____

Quand cela s'est-il passé ? __________________________________

Comment as-tu réussi à faire ce geste de bravoure ?

____

____

____

____

Comment tu t'es senti(e) ensuite :

____

____

Points récompenses

5 points pour la lecture de cette activité.

5 points pour avoir fait l'entrevue.

3 points pour avoir décrit un moment de bravoure.

Exercer la bravoure

Activité
6

À propos de cette activité

Cette activité t'aidera à trouver davantage d'actes de bravoure à réaliser. Tu as toutes les chances de devenir une personne plus brave en t'exerçant à la bravoure.

Il y a un côté extraordinaire à la bravoure : plus tu t'y exerces, plus c'est facile. Par exemple, si tu as peur de nager, ta peur diminuera chaque fois que tu prendras un cours de natation. D'un cours à l'autre, cela deviendra un peu plus facile.

Choisis un moment où tu souhaites exercer ta bravoure et décris ton plan ci-dessous.

Ce que tu feras :

____

____

Le moment choisi : ______________________

Le lieu choisi : ______________________

Comment réussiras-tu à faire ce geste de bravoure ?

____

____

____

____

____

____

La liste des actes de bravoure

Félicitations ! Tu deviens de plus en plus brave ! C'est très important puisque nous avons besoin de personnes braves dans le monde.

Lorsque l'acte de bravoure que tu as prévu est réalisé, tu peux commencer à élaborer une liste des actes de bravoure. Sur la première ligne de la liste, écris ton geste de bravoure et la date à laquelle tu l'as réalisé. Inscris ensuite chaque nouvel acte de bravoure réalisé.

Ci-dessous, tu trouveras la liste de Fred la tortue. Même si les autres tortues ne remarquent pas les actes de bravoure de Fred, il sait ce qu'il a fait. Et même si les autres ne remarquent pas ton acte de bravoure, tu sais que tu as été brave. Lorsque ta liste sera complète, ce sera la preuve que tu deviens une des personnes braves dont on a besoin dans le monde. Bravo !

La liste des actes de bravoure de Fred	
J'avais peur, mais j'ai quand même demandé à oncle Walter de m'aider.	16 juin
Alors que personne ne regardait, j'ai nagé jusqu'au gros billot.	18 juin
Je me suis exercé à grimper sur le billot avec mes pattes avant.	20 juin
J'ai répondu au téléphone d'une voix assurée et j'ai dit : « Bonjour, ici la maison des tortues. Je suis Fred. »	22 juin
Je me suis exercé à me tenir sur le billot avec mes quatre pattes.	23 juin
J'ai essayé de grimper complètement sur le billot. Je suis tombé sept fois, mais j'ai continué d'essayer.	25 juin
Pour la première fois, je suis allé seul à la plage des tortues, à l'autre bout de l'étang.	27 juin
J'ai accompagné mes frères et sœurs, même si je savais qu'ils allaient rejoindre les grenouilles près du billot.	28 juin
J'ai grimpé sur le billot devant tout le monde. Je suis tombé deux fois, mais j'ai continué d'essayer jusqu'à ce que je réussisse.	30 juin
J'ai invité une grenouille à s'asseoir sur mon dos alors que je pataugeais dans l'étang.	2 juillet

Ma liste d'actes de bravoure

Ce que j'ai fait	**Date**

Points récompenses

5 points pour la lecture de cette activité.
3 points pour avoir décrit ton moment de bravoure suivant.
2 points pour chaque élément de «Ma liste d'actes de bravoure.»

Activité 7

Inspirer le calme, expirer la timidité

À propos de cette activité

Tu apprendras à respirer d'une façon qui peut t'aider à te sentir plus calme et détendu(e). Si tu réussis à te sentir calme et détendu(e), tu risques moins d'agir avec timidité.

Observe ta façon de respirer. Tu inspires probablement un peu, puis tu expires. Pourtant, ton corps peut contenir beaucoup plus d'air. Il t'est donc possible d'inspirer et d'expirer beaucoup plus d'air que tu ne le fais normalement.

Imagine que tu souffles dans un ballon et commence à expirer. Continue d'expirer jusqu'à ce que les muscles de ton estomac se resserrent. De cette façon, tu élimineras beaucoup de vieil air vicié. Puis, détends-toi et inspire profondément. Observe ton corps se remplir de la bonne quantité d'air.

Lorsque tu expires lentement le vieil air, dis-toi que tu expires toute ta timidité et ta peur. Alors que tu remplis ton corps d'air frais, dis-toi que tu remplis ton corps de calme. Répète l'expérience deux, trois fois. Ces respirations profondes et lentes t'aideront à détendre ton corps. Tu te sentiras plus calme. Une fois ton corps apaisé, ton esprit se calmera aussi. Essaie ! Ça fonctionne !

Inspirer le calme, expirer la timidité

Tu peux répéter cet exercice chaque fois que tu as besoin de te détendre et de penser clairement. Encercle les moments pendant lesquels tu crois que la respiration profonde peut t'aider. Ajoute tes propres idées sur les lignes vierges.

Avant un examen.

Lorsque je me sens timide.

Avant la récréation.

Lorsque je rencontre de nouvelles personnes.

Lorsque j'essaie de m'endormir.

Avant de devoir lire devant la classe.

À l'heure du repas à l'école.

Avant le début d'une course.

Tout juste avant que ce soit à mon tour d'aller au bâton.

______________________________ ______________________________

______________________________ ______________________________

______________________________ ______________________________

______________________________ ______________________________

______________________________ ______________________________

Points récompenses

5 points pour la lecture de cette activité.

2 points pour avoir encerclé des situations (peu importe le nombre encerclé).

1 point pour chaque ligne vierge remplie.

Activité
8

Détendre tes muscles

À propos de cette activité

Tu apprendras à te servir de la relaxation musculaire pour développer des sentiments pacifiques et positifs.

Maintenant que tu sais comment utiliser la respiration pour être plus détendu(e), tu es prêt(e) à apprendre un autre moyen de relaxer ton corps et ton esprit. La relaxation peut t'aider lorsque tu ne te sens pas bien, lorsque tu essaies de t'endormir et lorsque tu es inquiet(ète) ou que tu as peur. Comme c'est le cas avec les autres aptitudes que tu souhaites développer, plus tu répètes cet exercice, meilleur(e) tu te sentiras. Tu pourras alors te détendre davantage et plus rapidement.

Premièrement, exerce-toi à reconnaître la différence entre des muscles tendus et des muscles détendus. Place tes mains l'une contre l'autre et pousse. Vois comment les muscles de tes bras se tendent. Arrête de pousser et vois comment tes muscles se détendent. Maintenant, tends les muscles de ton visage. Avec tes mains pour toucher ou un miroir pour regarder, observe comment ton visage devient tendu. Détends alors ton visage et vois comment tes muscles se détendent.

Tu es maintenant prêt(e) à t'exercer à détendre tous tes muscles. Trouve un endroit confortable pour t'asseoir ou t'étendre. Détends ton corps et commence à penser à tes pieds, tes orteils et tes chevilles. Concentre-toi sur cette portion de ton corps et dis-toi très lentement : « Mes pieds se détendent. Mes pieds se détendent. Mes pieds sont détendus. » Pendant que tu te répètes cette phrase, détends tes pieds, tes orteils et tes chevilles en détendant leurs muscles. Tu peux prétendre que tes pieds sont des cubes de glace qui fondent lentement.

Pense ensuite à tes jambes. Concentre-toi sur elles et dis-toi très lentement : « Mes jambes se détendent. Mes jambes se détendent. Mes jambes sont détendues. » Maintenant que tes pieds et tes jambes sont détendus, remonte jusqu'aux hanches. Concentre-toi sur tes hanches et dis-toi très lentement : « Mes hanches se détendent. Mes hanches se détendent. Mes hanches sont détendues. »

Remonte ensuite jusqu'à la taille, incluant ton estomac et le bas de ton dos. Détends cette partie de ton corps de la même façon. Pense maintenant à ta poitrine et au haut de ton dos, puis détends ces parties de ton corps.

Ensuite, concentre-toi sur tes épaules, tes bras et tes jambes. Répète-toi lentement : « Mes épaules, mes bras et mes mains se détendent. Mes épaules, mes bras et mes mains se détendent. Mes épaules, mes bras et mes mains sont détendus. »

Détendre tes muscles

Activité
8

Maintenant que le reste de ton corps est détendu, il te reste à t'occuper de ton cou, de ton visage et de ta tête. Concentre-toi sur ces parties de ton corps en portant une attention particulière à tes yeux et à ta langue, puisque ces parties du corps sont souvent plus difficiles à détendre. Dis : « Mon cou, mon visage et ma tête se détendent. Mon cou, mon visage et ma tête se détendent. Mon cou, mon visage et ma tête sont détendus. »

Une fois que toutes les parties de ton corps sont détendues, reste calme et remarque bien comment tu te sens. Ce que tu fais est très important parce que lorsque tu détends tes muscles, tous les autres éléments de ton corps deviennent aussi plus détendus.

Et c'est très bon pour ton corps et pour ton esprit. Lorsque tu es détendu(e), il est plus facile pour ton corps de rester en santé et plus facile pour ton esprit de penser à de nouvelles idées aussi merveilleuses que créatives. Si tu répètes souvent la relaxation, tu remarqueras que tu te détends davantage et plus rapidement. C'est une habileté qui te sera utile toute ta vie. Chaque fois que tu refais cet exercice, inscris la date, l'heure et le lieu où tu l'as fait.

Date	**Heure**	**Lieu**
____________	____________	____
____________	____________	____
____________	____________	____
____________	____________	____
____________	____________	____
____________	____________	____
____________	____________	____

BRAVO!

Points récompenses

10 points pour la lecture de cette activité et le premier entraînement à la technique de relaxation.

4 points chaque fois que tu répètes la technique et que tu inscris la date, l'heure et le lieu.

Activité
9

Utiliser la musique pour changer ton humeur

À propos de cette activité

Tu apprendras comment la musique peut t'aider à adopter une humeur positive. Lorsque des sentiments de timidité t'accablent, tu verras que la bonne musique peut t'aider à te sentir plus détendu(e) et confiant(e).

Lorsque tu écoutes une chanson, arrête-toi et remarque comment tu te sens. La musique te rend-elle heureux(se) ou triste ? Elle te met en colère ou te calme ? Elle te donne envie de danser ?

Chaque fois que tu écoutes une chanson, inscris son titre ci-dessous. Puis, décris comment tu te sens quand tu l'écoutes. Tu remarqueras probablement que différents genres de musique suscitent chez toi des sentiments différents.

La chanson que j'ai écoutée	Comment je me suis senti(e)
______________________	______________________
______________________	______________________
______________________	______________________
______________________	______________________
______________________	______________________

Utiliser la musique pour changer ton humeur

Activité 9

Demande-toi maintenant quel genre de musique peut t'aider à susciter chez toi des sentiments précis. Essaie différents genres musicaux jusqu'à ce que tu trouves celui qui te convient le mieux.

Lorsque j'ai besoin de me concentrer, j'écoute ______________________________.

Quand je veux me remonter le moral, j'écoute ______________________________.

Quand je veux me sentir plus détendu(e), j'écoute ______________________________.

Lorsque j'ai besoin de confiance en moi, j'écoute ______________________________.

Points récompenses

3 points pour la lecture de cette activité.

1 point pour chaque chanson jumelée à un sentiment.

1 point pour chaque genre musical choisi.

Activité **10**

Mettre fin au cauchemar

À propos de cette activité

Tu apprendras comment utiliser ton imagination pour ne plus faire de cauchemars. Les personnes qui travaillent à les chasser les cauchemars n'agissent pas avec timidité!

Si tu as déjà fait des cauchemars, tout particulièrement si tu as fait plus d'une fois le même rêve, cet exercice peut t'aider. Pense d'abord à ce qui se passe dans ton rêve. Ensuite, pense à la façon dont tu aimerais que ton rêve se termine. Si tu es pourchassé(e) dans ton cauchemar, tu peux prétendre que tu as en ta possession d'immenses rouleaux de ruban adhésif et que tu peux momifier la personne ou la chose qui te poursuit. Si tu tombes dans ton cauchemar, tu peux imaginer que tu as de super pouvoirs et que tu peux t'envoler. Dans l'espace ci-dessous, dessine comment tu souhaites que ton cauchemar se termine.

Mettre fin au cauchemar

Souvent, quand les gens imaginent des fins heureuses à leurs cauchemars, ceux-ci disparaissent. Si ton cauchemar ne cesse pas après une tentative, fais un deuxième dessin qui illustre comment tu souhaites que ton cauchemar se termine. Cette fois-ci, ajoute des détails et de la couleur.

Points récompenses

3 points pour la lecture de cette activité.

3 points pour chaque dessin réalisé.

Établir un contact visuel

À propos de cette activité

Cette activité t'aidera à t'exercer à établir un contact visuel avec les gens. Établir un contact visuel est un bon moyen de bien s'entendre avec les autres. En réalisant cette activité, tu apprendras aussi un moyen d'exercer de nouveaux comportements.

Pour devenir habile à établir un contact visuel, tu dois apprendre à regarder les gens dans les yeux, sans pour autant les fixer ou être trop insistant(e). Un contact visuel positif devrait durer une à deux secondes, avant que le regard soit détourné. Si tu n'es pas certain(e) d'établir un contact visuel positif, demande à tes parents ou à ton conseiller de le faire avec toi et de te dire quand tu réussis. Évidemment, plus tu t'exerces, plus tu seras bon(ne).

Sur une échelle de 0 à 10, accorde une note à chaque type de personne selon la difficulté que tu as à établir un contact visuel avec elles.

	← Plus facile										Plus difficile →
Les adultes que je ne connais pas	0	1	2	3	4	5	6	7	8	9	10
Mes bons amis	0	1	2	3	4	5	6	7	8	9	10
Mes bonnes amies	0	1	2	3	4	5	6	7	8	9	10
Les professeurs que je connais bien	0	1	2	3	4	5	6	7	8	9	10
Les autres professeurs	0	1	2	3	4	5	6	7	8	9	10
La secrétaire de l'école	0	1	2	3	4	5	6	7	8	9	10
Le directeur / la directrice de l'école	0	1	2	3	4	5	6	7	8	9	10
Les filles que je ne connais pas	0	1	2	3	4	5	6	7	8	9	10
Les garçons que je ne connais pas	0	1	2	3	4	5	6	7	8	9	10
Ma mère	0	1	2	3	4	5	6	7	8	9	10
Mon père	0	1	2	3	4	5	6	7	8	9	10

Établir un contact visuel

Activité **11**

	← Plus facile										Plus difficile →
Mon (mes) frère(s)	0	1	2	3	4	5	6	7	8	9	10
Mon (mes) sœur(s)	0	1	2	3	4	5	6	7	8	9	10
Les membres de ma famille que je vois souvent	0	1	2	3	4	5	6	7	8	9	10
Les membres de ma famille que je vois rarement	0	1	2	3	4	5	6	7	8	9	10
Mes compagnons de classe	0	1	2	3	4	5	6	7	8	9	10
Mes compagnes de classe	0	1	2	3	4	5	6	7	8	9	10

Ajoute toute personne qui fait partie de ta vie, mais qui n'est pas dans la liste, et accorde-lui une note :

______________________	0	1	2	3	4	5	6	7	8	9	10
______________________	0	1	2	3	4	5	6	7	8	9	10
______________________	0	1	2	3	4	5	6	7	8	9	10
______________________	0	1	2	3	4	5	6	7	8	9	10
______________________	0	1	2	3	4	5	6	7	8	9	10
______________________	0	1	2	3	4	5	6	7	8	9	10

Ensuite, sers-toi de cette liste pour en créer une nouvelle avec les mêmes personnes que la première, cette fois en ordre croissant de difficulté. Voici un exemple d'une telle liste préparée par Amanda. Elle a considéré que sa sœur était la personne avec qui il était le plus facile d'établir un contact visuel, ensuite son frère, puis sa mère, etc.

Liste d'Amanda sur le contact visuel du plus facile ou plus difficile

Personne	Difficulté à établir un contact visuel
Ma sœur	0
Mon frère	1
Ma mère	1
Mon père	2
Ma grand-mère	2
Mon amie Joanie	2
Mon amie Sarah	3
Les filles de ma classe	5
Tante Francine	5
Les filles que je ne connais pas	6
Les autres membres de ma famille	6
Mon professeur	6
Les autres professeurs	7
La secrétaire de l'école	7
Les garçons de ma classe	8
Les garçons que je ne connais pas	9
Le directeur de l'école	9
Les adultes que je ne connais pas	10

Tu es maintenant prêt(e) à dresser ta propre liste, en ordre croissant de difficulté.

Personnes	À quel point il est difficile d'établir un contact visuel

Établir un contact visuel

Personnes	À quel point il est difficile d'établir un contact visuel

Établir un contact visuel

Activité
11

Une fois ta liste terminée, tu peux t'exercer. Commence par les personnes avec qui il est le plus facile d'établir un contact visuel. Plus tu t'exerces à en établir un avec ces personnes, plus tu auras confiance en ta capacité d'établir ce même contact visuel avec d'autres personnes.

Une fois que tu es plus à l'aise et confiant(e) à établir un contact visuel avec le groupe de personnes que tu considères le plus facile, passe au groupe ou à la personne qui suit. Lorsque tu es à l'aise avec cette personne, passe à celle que tu as classée comme étant un peu plus difficile. Continue de t'exercer jusqu'à ce que tu sois à l'aise d'établir un contact visuel avec toutes les personnes inscrites sur ta liste.

Dans l'espace ci-dessous, indique ton progrès. Le tableau compte sept jours d'entraînement pour chaque niveau. Ce qui ne t'empêche pas de prendre autant de journées que tu le souhaites. Si tu désires t'exercer pendant plus de sept jours pour un niveau précis, inscris ces journées supplémentaires sur une autre feuille.

Niveau de difficulté du contact visuel	**Date**	**Personnes avec qui j'ai établi un contact visuel**
	______	______
	______	______
0-1-2	______	______
(plus facile)	______	______
	______	______
	______	______
	______	______

Lorsque tu t'es exercé(e) et que tu es prêt(e), tu peux passer au niveau suivant.

Établir un contact visuel

Niveau de difficulté du contact visuel	Date	Personnes avec qui j'ai établi un contact visuel
	________	________________________
	________	________________________
3-4	________	________________________
(un peu plus difficile)	________	________________________
	________	________________________
	________	________________________
	________	________________________

Tu t'es exercé(e) à établir un contact visuel que tu considères plus difficile. Lorsque tu es prêt(e), passe au niveau suivant.

Niveau de difficulté du contact visuel	Date	Personnes avec qui j'ai établi un contact visuel
	________	________________________
	________	________________________
5-6-7	________	________________________
(plus difficile)	________	________________________
	________	________________________
	________	________________________
	________	________________________

Établir un contact visuel

Tu dois être très fier(e) de tout le progrès que tu as fait. N'es-tu pas étonné(e) de voir à quel point tu es fort(e) ? Te voici donc à la dernière portion de ta liste.

Niveau de difficulté du contact visuel	Date	Personnes avec qui j'ai établi un contact visuel
	____________	____________________________
	____________	____________________________
8-9-10	____________	____________________________
(très difficile)	____________	____________________________
	____________	____________________________
	____________	____________________________
	____________	____________________________

Tu t'es exercé(e) avec la dernière portion de ta liste. Bravo !

Activité
11

Établir un contact visuel

Tu t'es servi(e) d'un bon moyen d'avoir de nouveaux comportements. Un moyen qui peut t'aider à surmonter la nervosité dans la plupart des situations. Voici les cinq étapes à suivre :

Étape 1

Dresse une liste en commençant par des moments où le comportement est facile à adopter et en terminant avec des moments où il est le plus difficile à adopter. Énumère autant d'étapes – de la plus facile à la plus difficile – que tu peux.

Étape 2

Commence par répéter le comportement à un moment où il est le plus facile. Continue de le reproduire jusqu'à ce que tu sois à l'aise et confiant(e).

Étape 3

Tiens un registre quotidien de tes entraînements.

Étape 4

Essaie maintenant l'exemple de comportement suivant sur ta liste. Encore une fois, refait ce niveau de difficulté jusqu'à ce que tu sois à l'aise et confiant(e). Si tu te rends compte que tu es incapable de travailler le comportement à un niveau précis, recule pour t'exercer à un niveau plus facile. Lorsque tu es prêt(e), passe au niveau suivant. Lorsque tu es à l'aise et confiant(e), passe à un niveau plus difficile. Continue jusqu'à ce que tu sois à l'aise et confiant(e) au niveau de difficulté que tu souhaites atteindre.

Étape 5

Continue de t'exercer jusqu'à ce que cela devienne une habitude.

Points récompenses

8 points pour la lecture de cette activité.

5 points pour avoir rempli le tableau d'évaluation.

1 point pour chaque personne inscrite au tableau d'évaluation.

5 points pour avoir dressé la liste des personnes avec qui il est difficile d'établir un contact visuel, du plus facile au plus difficile.

2 points pour chaque journée de contact visuel inscrite.

Le langage du corps

Activité
12

À propos de cette activité

Tu dois savoir que même quand tu ne parles pas, tu dis aux gens des choses très importantes. Les gens observent le langage de ton corps pour tenter de savoir comment tu te sens et comment tu risques d'agir. Les exercices de cette activité t'apprendront comment utiliser un langage corporel amical, ce qui te permettra de te faire plus facilement de nouveaux amis.

Sur la ligne sous chaque image, écris si la personne te semble triste, en colère, effrayée ou heureuse.

____

____

____

____

Activité 12

Le langage du corps

Même quand tu ne peux entendre une personne parler, tu peux savoir comment elle se sent en observant son visage et la façon dont elle place ses bras, ses jambes et son corps tout entier. C'est ce qu'on appelle le langage du corps ou le langage corporel.

Ton langage corporel indique aussi aux autres comment tu te sens. Pour t'exercer à montrer tes sentiments, inscris chacun de ces mots sur un morceau de papier :

Effrayé(e)	En colère
Intéressé(e)	Gentil(le)
Confus(e)	Triste
Embarrassé(e)	Amical(e)
Calme	Étonné(e)
Anxieux(se)	Heureux(se)

Choisis un de ces sentiments. En te regardant dans un miroir pleine longueur, montre ce sentiment par ton langage corporel. Observe ton visage, tes bras, tes jambes et ton corps. Si tu as de la difficulté à montrer certains de ces sentiments, demande à un de tes parents ou à ton thérapeute de t'aider. Exerce-toi avec cette personne jusqu'à ce que tu sois capable de montrer ces 12 sentiments avec ton langage corporel.

Quand tu réussis bien à montrer un sentiment à l'aide du langage de ton corps, coche-le dans la liste ci-dessous. Continue de t'exercer jusqu'à ce que tu les aies tous cochés.

☐ Effrayé(e)	☐ En colère
☐ Intéressé(e)	☐ Gentil(le)
☐ Confus(e)	☐ Triste
☐ Embarrassé(e)	☐ Amical(e)
☐ Calme	☐ Étonné(e)
☐ Anxieux(se)	☐ Heureux(se)

Le jeu des sentiments

Dépose les 12 morceaux de papier dans un contenant ou un sac. Sur un autre morceau de papier, dresse la liste des 12 sentiments. Demande maintenant à un de tes parents, à ton thérapeute ou à un(e) ami(e) de jouer à ce jeu avec toi. Chaque joueur, à son tour, choisit un morceau de papier sans le montrer aux autres et mime le sentiment qui y est inscrit. L'acteur ne peut utiliser de mots ou de sons, seulement le langage de son corps. À l'aide de la liste des 12 sentiments, les autres joueurs tentent de deviner celui qui a été mimé. Lorsqu'un joueur devine correctement, l'acteur s'assoit et c'est au tour de la personne suivante.

En essayant ces différents sentiments, tu découvriras que même lorsque les gens n'utilisent pas de mots, leur visage et leur corps « parlent. » Parfois, le langage corporel indique qu'une personne est amicale et qu'elle aime celle devant elle. Dans d'autres cas, le langage corporel semble dire qu'une personne n'est pas amicale ou qu'elle n'aime pas son interlocuteur. Exerce-toi à adopter un langage corporel amical pour qu'il soit de plus en plus facile à employer quand il y a des gens autour de toi. Les personnes qui ont un langage corporel amical ont plus d'amis et ont davantage de plaisir.

Une chanson bien connue dit : « Lorsque tu souris, le monde entier sourit avec toi. » Cela signifie que ton sourire est agréable à voir et que quand tu souris, tout le monde se sent mieux, toi y compris. Si tu souhaites t'habituer à sourire plus souvent, pratique cette activité. Si tu n'as pas l'habitude de sourire souvent, exerce-toi devant un miroir. Remarque à quel point le seul fait de sourire change ta bouche et tes yeux pour te donner une apparence plus amicale.

Points récompenses

5 points pour la lecture de cette activité.

2 points pour avoir rempli les espaces vierges sous les images.

4 points pour avoir coché les cases.

3 points pour avoir joué au jeu des sentiments.

Activité 13

Apprendre à sourire aux autres

À propos de cette activité

Tu découvriras que sourire aux gens est une bonne habitude que tu peux développer en t'exerçant. Dans le cadre de l'Activité 11 : Établir un contact visuel, tu as appris à modifier ton comportement en dressant une liste, du plus facile au plus difficile, en tenant un registre quotidien, en commençant avec les comportements les plus faciles, pour ensuite passer aux plus difficiles lorsque tu étais prêt(e), et à t'exercer jusqu'à ce qu'une nouvelle habitude se soit développée. Dans cette activité, tu utiliseras aussi cette importante méthode.

Sur une échelle de 0 à 10, évalue à quel point il est difficile pour toi de sourire aux personnes suivantes. Choisis le 0 (pour les personnes à qui il est le plus facile de sourire) et le 10 (pour les personnes à qui il est le plus difficile de sourire).

Les adultes que je ne connais pas	0	1	2	3	4	5	6	7	8	9	10
Mes bons amis	0	1	2	3	4	5	6	7	8	9	10
Mes bonnes amies	0	1	2	3	4	5	6	7	8	9	10
Les professeurs que je connais bien	0	1	2	3	4	5	6	7	8	9	10
Les autres professeurs	0	1	2	3	4	5	6	7	8	9	10
La secrétaire de l'école	0	1	2	3	4	5	6	7	8	9	10
Le directeur / la directrice de l'école	0	1	2	3	4	5	6	7	8	9	10
Les filles que je ne connais pas	0	1	2	3	4	5	6	7	8	9	10
Les garçons que je ne connais pas	0	1	2	3	4	5	6	7	8	9	10
Ma mère	0	1	2	3	4	5	6	7	8	9	10
Mon père	0	1	2	3	4	5	6	7	8	9	10
Mon (mes) frère(s)	0	1	2	3	4	5	6	7	8	9	10
Ma (mes) sœur(s)	0	1	2	3	4	5	6	7	8	9	10
Les membres de ma famille que je vois souvent	0	1	2	3	4	5	6	7	8	9	10

Apprendre à sourire aux autres

Les membres de ma famille que je vois rarement	0	1	2	3	4	5	6	7	8	9	10
Mes compagnons de classe	0	1	2	3	4	5	6	7	8	9	10
Mes compagnes de classe	0	1	2	3	4	5	6	7	8	9	10

Ajoute toute personne qui fait partie de ta vie, mais qui n'est pas dans la liste, et accorde-lui une note :

______________________	0	1	2	3	4	5	6	7	8	9	10
______________________	0	1	2	3	4	5	6	7	8	9	10
______________________	0	1	2	3	4	5	6	7	8	9	10

En fonction des notes données, dresse une nouvelle liste qui commence par les personnes à qui tu crois qu'il est le plus facile de sourire et qui se termine par les personnes à qui il est plus difficile de le faire.

Personnes	**Note accordée**
______________________	__________
______________________	__________
______________________	__________
______________________	__________
______________________	__________
______________________	__________
______________________	__________
______________________	__________
______________________	__________
______________________	__________

Apprendre à sourire aux autres

Personnes	Note accordée

Tu es maintenant prêt(e) à t'exercer à sourire aux autres. Trouve un moyen de compter le nombre de sourires que tu fais. Décide d'un moyen qui te plaît. Tu peux aussi essayer ceci : dépose 10 pièces d'un sou dans ta poche. Chaque fois que tu souris à quelqu'un, prends une pièce et dépose-la dans l'autre poche.

Pour commencer, pense aux personnes de ta liste que tu verras ce jour-là. Remémore-toi celles à qui il t'est le plus facile de sourire et commence par elles. Lorsque tu vois chacune de ces personnes, établis un contact visuel et souris. Chaque fois que tu souris, n'oublie pas de le compter. Vois à combien de personnes tu peux sourire en une journée. Que faire si tu utilises des sous pour compter tes sourires et que tu en fais plus de dix ? Prends une note pour t'aider à te rappeler que tu as déjà déplacé 10 pièces et recommence à compter.

Apprendre à sourire aux autres

Tiens un registre quotidien à l'aide du tableau ci-dessous :

Niveau de difficulté	Date	Nombre de personnes à qui j'ai souri
 **0-1-2 (facile)**		

Lorsque tu t'es exercé(e) et que tu es prêt(e), tu peux passer au niveau suivant.

Niveau de difficulté	Date	Nombre de personnes à qui j'ai souri
 **3-4 (un petit peu plus difficile)**		

Tu t'exerces à sourire, même si ce n'est pas toujours facile.
Lorsque tu es prêt(e), passe au niveau suivant.

Activité
13

Apprendre à sourire aux autres

Niveau de difficulté	Date	Nombre de personnes à qui j'ai souri
 5-6-7 (difficile)		

En t'exerçant à sourire aux gens, tu agis de façon plus amicale. Les choses se mettent à changer pour toi, n'est-ce pas ?

Niveau de difficulté	Date	Nombre de personnes à qui j'ai souri
 8-9-10 (très difficile)		

Une fois que tu t'es exercé(e) avec la dernière portion de ta liste, donne-toi une bonne tape dans le dos. Bravo ! Tu es super !

Points récompenses

5 points pour avoir lu cette activité et avoir rempli le tableau d'évaluation.
1 point pour chaque personne inscrite au tableau d'évaluation.
5 points pour avoir créé une nouvelle liste, du plus facile au plus difficile.
2 points pour chaque journée pendant laquelle tu as souri aux gens.

Lorsque les gens te répondent par un sourire

Activité
14

À propos de cette activité

Tu apprendras que tes expressions faciales affectent la façon dont les gens agissent avec toi et aussi la façon dont tu te sens par rapport à toi-même. Lorsque tu présentes un visage amical, plus de gens te souriront et agiront de façon amicale avec toi. En plus, tu te sentiras mieux par rapport à toi-même.

Maintenant que tu souris aux gens, est-ce qu'ils le remarquent ? Sinon, établis un contact visuel et élargis ton sourire. Quand tu fais ces deux gestes ensemble, c'est comme si tu disais : « Je t'aime bien », et ça rend les gens heureux. Ils auront envie de sourire en retour, et lorsqu'ils le feront, tu te sentiras mieux par rapport à toi-même. Lorsque tu souris aux autres, tu répands du bonheur. C'est merveilleux !

Dans le cadre de l'Activité 13, tu as compté tes sourires. Dans cette activité, tu continueras de sourire aux gens, mais tu ne compteras que les fois où on te répond par un sourire. Tu peux utiliser la méthode des pièces d'un sou pour compter ou toute autre méthode de ton choix.

D'après toi, combien de personnes peuvent te répondre par un sourire dans une journée ? Au moins deux ? Peut-être plus ? Détermine combien de personnes tu aimerais voir te répondre par un sourire dans une journée et inscris ce chiffre sur la ligne :

Objectif : ______________

Certaines personnes peuvent atteindre leur objectif en une journée. D'autres auront peut-être besoin de 10 jours. Ce n'est pas ce qui compte. L'important est de continuer à sourire aux gens qui t'entourent. C'est tout particulièrement parce que c'est de cette façon que les gens commenceront à te voir comme une personne amicale et que de plus en plus de gens voudront être ton ami(e). Non seulement du répandras plus de bonheur, mais tu deviendras aussi plus populaire. Et si tu as l'apparence d'une personne heureuse, tu commenceras à ressentir ce bonheur.

Activité **14**

Lorsque les gens te répondent par un sourire

Voici un tableau pour t'aider à garder le compte de tes tentatives, jusqu'à ton objectif. Tu peux inscrire le nombre de sourires que tu obtiens chaque jour, ainsi que les nouvelles personnes qui te sourient chaque jour.

Date	**Nombre de fois qu'on m'a souri**	**Nombre de nouvelles personnes qui m'ont souri**

N'oublie pas de continuer à sourire même lorsque tu auras atteint ton objectif!

Points récompenses

5 points pour la lecture de cette activité.

2 points pour chaque journée pendant laquelle tu as consigné les personnes qui t'ont répondu par un sourire.

Afficher sa confiance lorsqu'on parle

À propos de cette activité

Tu apprendras comment avoir l'air confiant(e) et détendu(e) lorsque tu parles. Lorsque tu parles de manière détendue et confiante, tu n'agis pas avec timidité !

Les gens admirent toujours ces personnes qui s'expriment de manière détendue et confiante. Comment les gens font-ils pour avoir l'air si confiants et si bien s'exprimer ? Tu peux apprendre en les observant attentivement. Tu sauras ensuite quoi essayer pour améliorer la façon de t'exprimer.

Dans le tableau ci-dessous, consigne tes observations sur les gens qui s'expriment bien.

Personne	Établit un contact visuel	S'entend clairement	Sourit souvent	Se tient bien droite, la tête haute	Utilise son visage pour exprimer des sentiments
Lecteur de nouvelles	☐	☐	☐	☐	☐
La présentatrice de météo	☐	☐	☐	☐	☐
Un chef religieux	☐	☐	☐	☐	☐
Ton acteur préféré	☐	☐	☐	☐	☐
Ton actrice préférée	☐	☐	☐	☐	☐
Ton professeur préféré	☐	☐	☐	☐	☐
Un compagnon de classe populaire	☐	☐	☐	☐	☐
Le premier ministre du Canada	☐	☐	☐	☐	☐
La vedette de ton émission de télé préférée	☐	☐	☐	☐	☐

Afficher sa confiance lorsqu'on parle

Observe ton tableau et remarque à quel point ces gens se ressemblent lorsqu'ils parlent. Tu peux aussi apprendre à parler de cette façon. Tout ce qu'il te faut, c'est de l'entraînement. Un bon moyen de t'exercer est de te regarder dans un miroir pendant que tu parles. Souris-tu souvent ? Tiens-tu les épaules bien droites et la tête haute ? Ta voix est-elle suffisamment forte pour être entendue ? Ouvres-tu suffisamment ta bouche quand tu parles ? Ton visage est-il amical ?

Ensuite, tu peux t'exercer en parlant devant un parent, un conseiller ou un ami. Plus tu t'exerceras, plus tu développeras l'habitude de parler de façon confiante et détendue.

Indique ton progrès dans le tableau ci-dessous. Commence par une situation dans laquelle il t'est facile de parler. Lorsque tu es en mesure de cocher toutes les cases d'une situation, essaies-en une plus difficile. Avec suffisamment d'entraînement, tu développeras l'habitude de parler de façon confiante et détendue.

Situation	J'établis un contact visuel	Je parle clairement	Je souris souvent	Je me tiens bien droit(e), la tête haute	J'utilise mon visage pour exprimer mes sentiments
______________________	☐	☐	☐	☐	☐
______________________	☐	☐	☐	☐	☐
______________________	☐	☐	☐	☐	☐
______________________	☐	☐	☐	☐	☐
______________________	☐	☐	☐	☐	☐
______________________	☐	☐	☐	☐	☐
______________________	☐	☐	☐	☐	☐

Points récompenses

4 points pour la lecture de cette activité.

4 points pour avoir observé et coché les cases pour au moins cinq personnes.

2 points chaque fois que tu t'exerces et que tu t'évalues.

Chasse la timidité – dis bonjour!

Activité **16**

À propos de cette activité

Tu te sentiras plus en confiance et verra à quel point on se sent bien quand on parle aux autres. Tu verras aussi que la peur de faire une chose diminue de plus en plus au fur et à mesure que tu t'exerces à la faire.

Maintenant que tu es devenu un as du sourire, ce défi sera plus facile. Choisis une personne à qui tu ne parles pas souvent, mais qui te semble gentille. Ce peut être la bibliothécaire de ton école, un cousin ou ta coiffeuse, par exemple. Lorsque tu la vois, fais ce qui suit pour lui dire bonjour:

- Approche-toi de la personne et établis un contact visuel.
- Lorsque la personne te regarde, souris-lui.
- Dis-lui bonjour en parlant assez fort pour qu'elle t'entende.

Activité
16

Chasse la timidité – dis bonjour !

Exerce-toi à parler plus. Commence par les personnes que tu vois souvent et qui te semblent gentilles. Peu à peu, tu deviendras plus brave. À mesure que ta confiance en toi s'accentue, exerce-toi à parler à des gens que tu ne rencontres pas souvent. Utilise les lignes ci-dessous pour consigner les moments où tu t'exerces à parler davantage.

Date	**À qui j'ai dit bonjour**
____________________	____
____________________	____
____________________	____
____________________	____
____________________	____
____________________	____
____________________	____
____________________	____
____________________	____
____________________	____
____________________	____

Tu es maintenant prêt(e) à agir avec encore plus de bravoure, par exemple à te présenter et à te faire de nouveaux amis.

Points récompenses

3 points pour la lecture de cette activité.

2 points pour chaque date inscrite où tu as dit bonjour à quelqu'un.

Rencontrer de nouvelles personnes

À propos de cette activité

Tu apprendras et exerceras une aptitude sociale importante : rencontrer des gens. Faire cette activité t'aidera à développer ta confiance afin de ne plus agir avec timidité.

Le meilleur moment pour rencontrer de nouvelles personnes est lorsque tu te sens détendu(e) et que tu n'es pas pressé(e). Suis ces étapes pour te présenter aux autres :

- Choisis une personne dont le langage corporel est agréable.
- Prends une grande respiration.
- Souris et dis bonjour.
- Demande « Quel est ton nom ? » et retiens le nom.
- Dis ton nom à cette personne.
- Demande-lui quelque chose que tu aimerais savoir sur elle.
- Après avoir obtenu une réponse, pose une autre question ou dis quelque chose sur toi.

Tu as réussi à te présenter. Bravo !

Activité 17

Rencontrer de nouvelles personnes

Si cette activité te semble difficile, demande à un de tes parents ou à ton conseiller de la répéter avec toi en agissant comme une nouvelle personne que tu rencontres. Effectue les étapes aussi souvent que nécessaire, jusqu'à ce que tu te sentes détendu(e) et confiant(e). L'activité sera plus facile à faire si ton parent ou ton conseiller tient le rôle de plusieurs personnes différentes et qu'il donne des réponses diversifiées.

Tu peux tenir un registre des moments où tu as rencontré de nouvelles personnes en inscrivant les dates et tes tentatives ci-dessous. Tu remarqueras que plus tu t'exerces, plus tu deviendras détendu(e) et confiant(e).

Date	Nombre de personnes rencontrées

BRAVO!

Points récompenses

3 points pour la lecture de cette activité.

2 points pour chaque ligne complétée.

Se faire des amis

À propos de cette activité

Tu apprendras que tu peux te faire encore plus d'amis en suivant ces quelques étapes très simples. Tu apprendras aussi qu'il est possible que certaines personnes te disent non. Apprendre à accepter de se faire dire non fait partie du travail pour dire adieu à la timidité.

Voici les cinq étapes à suivre pour se faire de nouveaux amis :

- Choisis un moment où tu es détendu(e) et pas pressé(e) par le temps.
- Choisis une personne dont le langage corporel est agréable.
- Prends une grande respiration.
- Souris et dis bonjour.
- Fais une suggestion qui commence par « Aimerais-tu... ? »

  Si la réponse est oui, tant mieux – amuse-toi !

  Si la réponse est non, fais une autre suggestion, réessaie plus tard ou choisis une autre personne qui te semble gentille.

Commence par essayer de devenir ami(e) avec une personne qui te semble gentille et qui n'est pas trop occupée. N'oublie pas de sourire et d'agir avec gentillesse. Ne t'attends pas à ce que tout le monde ait envie de faire ce que tu proposes. L'autre personne est peut-être aussi timide, souhaite peut-être être seule ou a autre chose à faire. Si la personne dit non, n'oublie pas qu'il arrive à tout le monde de se faire dire non de temps à autre.

Se faire des amis

Voici le registre de Bruno. Remarque qu'il a réessayé même si la première personne lui a dit non.

Date	Ce que Bruno a fait
2 mai	J'ai demandé à Julien de se balancer avec moi. Il a dit non.
3 mai	J'ai demandé à Madeleine de jouer avec moi aux barres de suspension. Elle a dit non et a semblé un peu effrayée.
4 mai	J'ai demandé à Marc de jouer à la *tag* avec moi et il a dit oui.
4 mai	J'ai demandé à Jean de jouer aux barres de suspension avec Marc et moi. Il a dit qu'il devait rentrer.
4 mai	J'ai demandé à Madeleine de jouer à la *tag*. On aurait dit qu'elle avait envie, mais elle a dit non. Je me demande pourquoi.
5 mai	Marc et moi avons demandé à Madeleine si elle se voulait balancer avec nous et elle a dit oui ! Nous avons compris qu'elle se sentait en confiance sur les balançoires, mais par sur les barres ou à jouer à la *tag*.

Se faire des amis

Tu peux tenir un registre des moments où tu as tenté de te faire de nouveaux amis en inscrivant les dates et ce que tu as fait ici :

Date	Ce que j'ai fait

Points récompenses

5 points pour la lecture de cette activité.

2 points pour chaque ligne complétée.

Activité 19

Devenir une oreille plus attentive

À propos de cette activité

Tu remarqueras à quel point les gens aiment qu'on leur porte attention et qu'on les écoute. Tu apprendras à écouter attentivement et tu constateras que les gens apprécieront ton écoute.

Être une bonne oreille est très important. Pourtant, bien des gens n'apprennent jamais à en devenir une. Écouter est un moyen pour les gens d'en apprendre plus à propos les uns des autres et de mieux se comprendre. Être une bonne oreille est aussi un bon moyen de se faire des amis. Voici les étapes à suivre pour devenir une bonne oreille :

- Assieds-toi ou tiens-toi debout en silence.
- Établis un contact visuel avec la personne qui parle.
- Pense plus à ce que la personne dit, et moins à ce que tu penses ou à ce que tu ressens.
- En écoutant, hoche la tête ou dis « Oui » ou « Humm » pour que la personne sache que tu l'écoutes attentivement.
- Lorsque la personne finit de parler, pose des questions pour mieux comprendre ou pour en savoir davantage.
- Lorsque tu auras écouté des gens et qu'ils sauront que tu comprends vraiment ce qu'ils disent, ils seront à leur tour heureux de t'écouter.

Tu peux t'exercer à écouter, peu importe où tu te trouves. Chaque fois que tu t'exerces à être une bonne oreille, inscris la date, qui tu as écouté, ce que tu as fait et ce que tu peux faire pour devenir une meilleure oreille. Ne t'en fais pas si tu n'obtiens pas de très bons résultats dès le début. Être une bonne oreille n'est pas facile et cela demande beaucoup d'entraînement.

Pointage

Si tu as interrompu la personne ou que tu n'as pas vraiment écouté, accorde-toi un ☹.

Si tu as un peu écouté ce que la personne a dit, accorde-toi un 😐.

Si tu as regardé la personne dans les yeux, que tu ne l'as pas interrompue et que tu lui as posé des questions pour en savoir plus, accorde-toi un ☺.

Devenir une oreille plus attentive

Activité 19

Date	La personne que j'ai écoutée	Comment je l'ai écoutée	Ce que j'ai fait pour devenir une oreille plus attentive Je vais...
______	____________________	☺ 😐 ☹	______________________________
______	____________________	☺ 😐 ☹	______________________________
______	____________________	☺ 😐 ☹	______________________________
______	____________________	☺ 😐 ☹	______________________________
______	____________________	☺ 😐 ☹	______________________________
______	____________________	☺ 😐 ☹	______________________________
______	____________________	☺ 😐 ☹	______________________________
______	____________________	☺ 😐 ☹	______________________________
______	____________________	☺ 😐 ☹	______________________________
______	____________________	☺ 😐 ☹	______________________________
______	____________________	☺ 😐 ☹	______________________________
______	____________________	☺ 😐 ☹	______________________________
______	____________________	☺ 😐 ☹	______________________________

Points récompenses

3 points pour la lecture de cette activité.

2 points pour chaque ligne complétée.

Comment s'excuser

À propos de cette activité

Tu apprendras comment t'excuser sincèrement. Lorsque tu t'excuses, tu admets avoir fait quelque chose de mal. Ça prend du courage. Une personne qui sait s'excuser quand elle a eu tort n'agit pas avec timidité.

Tout le monde fait des erreurs. Puisque tout le monde dit ou fait parfois quelque chose de mal, chacun doit savoir comment s'excuser. S'excuser peut sembler difficile au début mais, dès que tu t'excuses, tu te sentiras mieux. Et si la personne concernée accepte tes excuses, tu seras au septième ciel !

Voici les étapes à suivre pour faire des excuses :

- Établis un contact visuel.
- Sois sincère ; prononce des paroles que tu penses vraiment.
- Dis que ce que tu as fait était mal, sans chercher à te justifier.
- Dis que tu ne recommenceras pas et que tu es sincère.
- Demande ce que tu peux faire pour améliorer la situation.

Exerce-toi à t'excuser à l'aide des scènes suivantes. Demande à un de tes parents ou à ton conseiller de répéter avec toi cette aptitude essentielle. Chacun son tour, joue le rôle de la personne qui s'excuse. De cette façon, tu découvriras comment on se sent quand on fait des excuses et quand on en reçoit.

Lorsque c'est ton tour de faire des excuses pour chacune des scènes, demande à l'autre personne de t'évaluer selon les cinq critères de bonnes excuses. Discute avec la personne de ce que tu peux faire pour améliorer ce qui t'a semblé le plus difficile. Continue de t'exercer jusqu'à ce que tu puisses cocher les cinq critères.

Comment s'excuser

Scène 1 : Ta tante t'a demandé de ne pas monter à l'étage avec du jus, mais tu y es allé(e) quand même. Tu as renversé le verre et le jus s'est répandu sur le tapis. Tu dois maintenant t'excuser.

- ☐ J'ai établi un contact visuel.
- ☐ J'étais sincère.
- ☐ J'ai dit que j'avais fait quelque chose de mal et je n'ai pas essayé de justifier mon geste.
- ☐ J'ai dit que je ne recommencerais pas et j'étais sincère.
- ☐ Je lui ai demandé comment je pouvais me faire pardonner.

Scène 2 : Tu t'es fâché(e) contre ta sœur et tu l'as insultée. Tu dois t'excuser.

- ☐ J'ai établi un contact visuel.
- ☐ J'étais sincère.
- ☐ J'ai dit que j'avais fait quelque chose de mal et je n'ai pas essayé de justifier mon geste.
- ☐ J'ai dit que je ne recommencerais pas et j'étais sincère.
- ☐ Je lui ai demandé comment je pouvais me faire pardonner.

Scène 3 : Tu as emprunté un CD à ton ami(e) et tu l'as perdu. Tu dois t'excuser.

- ☐ J'ai établi un contact visuel.
- ☐ J'étais sincère.
- ☐ J'ai dit que j'avais fait quelque chose de mal et je n'ai pas essayé de justifier mon geste.
- ☐ J'ai dit que je ne recommencerais pas et j'étais sincère.
- ☐ Je lui ai demandé comment je pouvais me faire pardonner.

Il est maintenant temps de réfléchir à des excuses réelles. Pense à une chose que tu as faite et pour laquelle tu devrais t'excuser, puis écris-la ici :

____

____

____

____

Répète ton excuse réelle et prends soin de porter attention à chacun des cinq critères. Si ça ne te dérange pas de partager ton excuse, demande à la personne avec qui tu t'es exercé de t'évaluer.

Pour m'exercer à m'excuser :

- ☐ J'ai établi un contact visuel.
- ☐ J'étais sincère.
- ☐ J'ai dit que j'avais fait quelque chose de mal et je n'ai pas essayé de justifier mon geste.
- ☐ J'ai dit que je ne recommencerais pas et j'étais sincère.
- ☐ Je lui ai demandé comment je pouvais me faire pardonner.

Comment s'excuser

Après t'être exercé(e), essaie maintenant des excuses réelles. Évalue-toi ensuite selon les cinq critères de bonnes excuses. Si tu crois que tu n'as pas réussi à respecter un critère, exerce-toi davantage avec ton partenaire.

Dans mon excuse réelle :

- ☐ J'ai établi un contact visuel.
- ☐ J'étais sincère.
- ☐ J'ai dit que j'avais fait quelque chose de mal et je n'ai pas essayé de justifier mon geste.
- ☐ J'ai dit que je ne recommencerais pas et j'étais sincère.
- ☐ Je lui ai demandé comment je pouvais me faire pardonner.

La prochaine fois que tu fais une erreur qui mérite des excuses, tu pourras t'excuser comme il se doit. Parce que tu t'es exercé(e), que tu as développé une aptitude et que tu as développé ta confiance en toi. Bon travail !

Points récompenses

5 points pour la lecture de cette activité.

3 points pour chaque fois que tu t'es exercée à t'excuser.

1 point de plus pour chaque exercice où l'autre personne s'excuse.

5 points pour chaque excuse réelle.

Des souvenirs heureux

À propos de cette activité

Tu apprendras qu'il est important de regarder en arrière et de réfléchir aux bonnes choses du passé. Lorsque tu planifies de les refaire, tu agis avec moins de timidité et tu deviens plus solide. Si tu discutes de tes souvenirs heureux avec les autres, tu ressentiras beaucoup de bonheur et tu aideras les autres à en savoir plus sur toi.

Pense aux plus belles choses que tu as faites dans ta vie. Il peut s'agir de vacances, du tableau d'honneur à l'école ou d'avoir appris un truc spécial à ton chien. Écris 10 choses que tu as faites et que tu as tellement aimées que tu les referais.

☐ 1. ______________________________

____

☐ 2. ______________________________

☐ 3. ______________________________

☐ 4. ______________________________

☐ 5. ______________________________

☐ 6. ______________________________

☐ 7. ______________________________

☐ 8. ______________________________

☐ 9. ______________________________

☐ 10. ______________________________

Des souvenirs heureux

Lis maintenant ta liste et ne coche que celles que tu referais. Parmi les activités cochées, choisis-en une que tu aimerais refaire et que tu pourrais refaire. Pour cette activité, réponds aux questions ci-dessous :

Quelle est l'activité ? ______________________________

Que dois-tu faire pour qu'elle soit possible ?

____

Si elle implique d'autres personnes, écris leurs noms. Que doivent-elles faire pour qu'elle soit possible ?

____

____

Quand penses-tu que tu pourrais la refaire ? ______________________________

Que feras-tu pour être en mesure de refaire cette activité ?

____

____

____

À qui dois-tu parler pour pouvoir la refaire ?

____

Points récompenses

2 points pour la lecture de cette activité.

1 point pour chaque activité inscrite sur la liste.

1 point pour chaque question à laquelle tu as répondu.

Activité 22

Le calendrier de tes réalisations

À propos de cette activité

Tu découvriras que depuis ta naissance, tu as appris beaucoup de choses. Si tu te mets à réfléchir à tout ce que tu as appris et à toutes les aptitudes que tu as développées, tu auras beaucoup de raisons de te sentir bien avec toi-même.

Il y a un certain temps, tu étais un bébé et tu ne pouvais pas faire grand-chose par toi-même. Tu ne pouvais pas parler, ni marcher, ni te tenir debout. Ce sont toutes des choses que tu as apprises. Depuis, tu as appris beaucoup d'autres choses. Penses-y un peu… T'habiller, manger, faire du vélo, faire des boucles pour attacher tes chaussures et lire... font partie des choses que les enfants apprennent.

Voici un calendrier qui illustre certaines des choses apprises par un enfant de 10 ans depuis sa naissance :

10 — J'ai appris à lire la musique.

9 — J'ai appris les tables de multiplication, à jouer du clavier et à jouer aux échecs.

8 — J'ai commencé à faire du patin à roues alignées et à écrire en cursives.

6 — J'ai appris à lire.

5 — J'ai appris à faire du vélo et à attacher mes chaussures.

4 — J'ai appris à nager.

3 — J'ai mémorisé l'alphabet, j'ai appris à m'habiller.

2 — J'ai appris à manger seul.

1 — J'ai appris à marcher et à parler.

0 — J'ai appris à me tenir assis.

Amuse-toi en créant un calendrier de ce que tu as appris depuis ta naissance. Sur un morceau de papier, dresse la liste de toutes ces aptitudes. À côté de chacune, à quel âge tu l'as apprise. Place les éléments de ta liste en ordre, puis copie-les sur les lignes qui suivent. Tu auras ton propre calendrier de réalisations.

Mon calendrier

Âge	Ce que j'ai appris à faire

N'est-ce pas génial de voir tout ce que tu as appris jusqu'à maintenant ?

Points récompenses

3 points pour la lecture de cette activité.

1 point pour chaque réalisation inscrite sur le calendrier.

Activité 23

Tes talents uniques

À propos de cette activité

Grâce à cette activité, tu réfléchiras à ce qui fait de toi une personne spéciale. Puis, tu découvriras ce que les autres aiment de toi. Cela t'aidera à développer ta confiance en toi.

Tes dons sont des choses que tu fais mieux que les autres. Peut-être es-tu spécial(e) aussi par ton allure ou la façon dont tu agis. Ton sourire, ta façon d'arranger les choses ou tes manières peuvent tous faire partie de tes dons ou de tes qualités spéciales. Sais-tu ce que sont tes dons ? Dans chacune des boîtes à cadeau ci-dessous, inscris un don que tu crois avoir.

Tes talents uniques

Activité 23

Demande maintenant aux gens qui t'entourent de te dire quels sont, à leur avis, tes dons. Ne demande pas seulement à ta mère ou à ton père. Demande à des ami(e)s, à ton professeur, au directeur ou à la directrice de l'école, à ta grand-mère, à ton voisin ou à la bibliothécaire de l'école. Chaque fois qu'une personne en nomme un, inscris-le dans une des boîtes ci-dessous. Continue de questionner les gens qui t'entourent jusqu'à ce que tu aies ajouté un don dans chaque boîte. Tu seras étonné(e) de constater que tu as bien plus de dons que tu ne l'imagines !

Points récompenses

3 points pour la lecture de cette activité.

1 point pour chaque boîte dans laquelle tu as inscrit un don que tu crois avoir.

3 points pour chaque boîte dans laquelle tu as inscrit un don qu'une personne a identifié chez toi.

Activité **24**

Le calendrier de l'avenir

À propos de cette activité

Dans le cadre de l'Activité 22 : Le calendrier de tes réalisations, tu t'es remémoré certaines choses apprises depuis ta naissance. Tu dois maintenant imaginer un avenir heureux et excitant en réfléchissant à ce que tu aimerais apprendre et faire entre maintenant et l'âge de 30 ans. Il te faut d'abord établir tes objectifs si tu veux éventuellement les atteindre !

Peu importe notre âge, nous pouvons continuer d'apprendre. À l'âge adulte, on append aussi beaucoup de nouvelles choses. Devenir bon(ne) dans la pratique d'un sport, devenir un(e) bon(ne) patineur(patineuse), parler une autre langue, conduire une voiture et danser sont parmi les aptitudes que tu peux développer. Pense au temps qui s'écoulera jusqu'à tes 30 ans. Au bas de ce calendrier, inscris ton âge. Puis, écris ce que tu aimerais apprendre entre maintenant et l'âge de 30 ans.

Âge

30 ______________________________

____

____

____

25 ______________________________

____

____

____

Le calendrier de l'avenir

Activité
24

Âge

20 ____

____

____

____

15 ____

____

____

____

__________ ____

Âge
actuel

Points récompenses

3 points pour la lecture de cette activité.

1 point pour chaque futur but inscrit dans le calendrier

Activité
25

Une formation de champion

À propos de cette activité

Cette activité te montre qu'avec la pratique, tu amélioreras tes aptitudes et tes habiletés. En t'exerçant et en observant ton progrès, tu développeras ton sentiment de contrôle et de confiance en toi.

On s'imagine que les champions sont des joueurs de basket célèbres ou des héros du hockey. On qualifie aussi de champions les gagnants d'un concours d'orthographe ou d'une course. Ces gens se sont entraînés et ont travaillé très fort pour atteindre leurs objectifs. On peut être un champion de plusieurs autres façons aussi. Une personne handicapée qui doit se battre uniquement pour marcher quelques pas est une championne. De la même façon, un enfant qui s'exerce jusqu'à ce qu'il soit capable de lire est aussi un champion.

Même quand les gens n'atteignent pas tout à fait leurs objectifs, on peut les qualifier de champions. Qu'est-ce qui fait qu'ils le sont? Ils établissent un objectif positif et travaillent fort à faire du progrès. Pense à tous les scientifiques qui tentent chaque jour de trouver un remède à des maladies comme le cancer. Ils n'ont pas atteint leur objectif, mais ce sont des champions en raison de leur dévouement et de leur travail acharné.

Cette activité peut t'aider à constater que l'entraînement te rapprochera de tes objectifs. Trouve une vieille tasse (pas la belle porcelaine de famille!) et 50 pièces d'un sou. Dépose la tasse sur un tapis et assieds-toi à environ 1,30 m (quatre pieds) de distance. Lance les sous, un à la fois, et compte combien atterrissent et restent dans la tasse.
Dans le tableau qui suit, écris le nombre à côté du jour 1, essai 1. Ensuite, recommence et inscris ton pointage sur la ligne de l'essai 2. Deux fois par jour pendant cinq jours, lance tes 50 pièces et inscris combien atterrissent dans la tasse. Essaie de ne pas sauter une journée. Si c'est le cas, recommence dès que tu t'en rends compte.

Une formation de champion

	Essai	Sous dans la tasse
Jour 1	Essai 1	________________
	Essai 2	________________
Jour 2	Essai 3	________________
	Essai 4	________________
Jour 3	Essai 5	________________
	Essai 6	________________
Jour 4	Essai 7	________________
	Essai 8	________________
Jour 5	Essai 9	________________
	Essai 10	________________

As-tu réussi à lancer plus de sous dans la tasse à ton dixième essai qu'au premier ? Ton progrès est un exemple des façons de t'améliorer avec l'entraînement. N'oublie pas que l'entraînement et le travail t'aideront à devenir un(e) champion(ne).

La prochaine partie de cette activité implique des exercices difficiles. Assure-toi donc que tes parents sont d'accord.

Plusieurs athlètes professionnels et presque tous les boxeurs s'entraînent en sautant à la corde. Trouve-toi une corde à danser qui tourne bien et dont les poignées ont une bonne adhérence. Demande à quelqu'un de te chronométrer ou règle une minuterie à trois minutes et compte combien de fois tu peux sauter à la corde en trois minutes. Si tu rates ton coup, ce n'est pas grave. Continue de compter et de sauter… ne recommence pas à zéro. L'idée est de voir combien de fois tu peux sauter en trois minutes. Exerce-toi pendant 10 jours consécutifs. Si tu oublies une journée, recommence le lendemain, jusqu'à ce que tu atteignes 10 jours. Inscris tes performances dans le tableau qui suit.

Activité

25

Une formation de champion

Jour	Nombre de sauts en trois minutes
1	______________________
2	______________________
3	______________________
4	______________________
5	______________________
6	______________________
7	______________________
8	______________________
9	______________________
10	______________________

À moins d'être déjà un professionnel du saut à la corde, tu constateras une grande augmentation du nombre de sauts entre le jour 1 et le jour 10. Tu aurais peut-être envie de continuer à sauter tous les jours… c'est vraiment un excellent exercice! Au fur et à mesure que tu t'améliores, tu te prouveras que tu peux devenir un(e) champion(ne).

Maintenant que tu sais comment t'entraîner, choisis l'aptitude que tu souhaites développer. Détermine un horaire qui te permettra de t'exercer beaucoup et trouve un moyen de tenir le compte de tes progrès. Par exemple, si tu choisis de faire des lancers au panier, tu peux inscrire le nombre de paniers réussis; si tu choisis de jouer du piano, tu peux inscrire le nombre de pièces que tu as bien interprétées. Sur les lignes ci-dessous, inscris l'habileté ou l'aptitude que tu souhaites améliorer et comment tu mesureras ton progrès.

L'aptitude que je souhaite améliorer est ____.

Je mesurerai mon progrès en ____.

(comptant, mesurant, chronométrant, etc.)

Une formation de champion

Activité 25

Jour	**Registre de mon progrès**
1	______________
2	______________
3	______________
4	______________
5	______________
6	______________
7	______________
8	______________
9	______________
10	______________

Tu peux préparer des tableaux supplémentaires pour tenir le compte de ton entraînement ou pour ajouter une nouvelle aptitude à exercer. Félicitations. Tu sais maintenant que tu peux t'exercer à devenir un(e) champion(ne) !

Points récompenses

5 points pour la lecture de cette activité.

2 points chaque fois que tu t'es exercé(e) à lancer des pièces.

2 points pour chaque journée de saut à la corde.

2 points pour chaque journée d'entraînement à une autre habileté.

2 points supplémentaires pour chaque journée d'entraînement à une habileté pendant plus de 20 minutes.

Activité
26

Améliorer ce que tu fais et apprendre quelque chose de nouveau

À propos de cette activité

Tu apprendras que l'entraînement et le travail peuvent grandement t'aider à améliorer ta confiance en toi. Un moyen de la développer est de t'améliorer à une activité ou à une aptitude que tu pratiques déjà.

Dans le cadre de cette activité, tu augmenteras ta confiance en toi en sélectionnant deux passe-temps ou aptitudes à développer. Choisis une aptitude que tu développes déjà, mais que tu veux améliorer. L'autre passe-temps ou aptitude doit être une activité que tu n'as jamais exercée, mais que tu as toujours voulu faire.

Tu auras davantage de plaisir si tu choisis des activités que tu peux partager avec d'autres personnes. Voici quelques idées. Tu peux utiliser les lignes vierges pour en ajouter d'autres.

Cours d'art	Natation
Tennis	Gymnastique
Golf	Échecs
Quilles	Chant dans une chorale
Cours de danse	Culture d'un potager
Karaté	Fabrication de biscuits

____

____

____

____

Une fois ta liste terminée, montre-la à tes parents ou à ton conseiller. Choisis une activité que tu as déjà exercée et que tu aimerais améliorer. Ensuite, choisis-en une que tu n'as jamais faite, mais que tu aimerais essayer. Choisis des activités que tu pourras pratiquer régulièrement.

Améliorer ce que tu fais et apprendre quelque chose de nouveau

Voici l'activité que j'ai déjà exercée et que j'aimerais faire plus souvent ou que j'aimerais améliorer :

____.

Voici l'activité que j'aimerais essayer :

____.

Détermine un horaire pour ces activités et trouve un moyen de tenir le compte de tes progrès.

Par exemple, si tu choisis de faire du jogging, tu peux inscrire la distance parcourue jusqu'à ce que tu te fatigues. Si tu tricotes, tu peux inscrire ce que tu as tricoté et le résultat obtenu. Si tu n'es pas certain(e) de la façon de consigner ton progrès, demande de l'aide à tes parents ou à ton conseiller. Avant de commencer à consigner ton progrès, fais des copies de ce qui suit pour en avoir suffisamment d'exemplaires.

Date	**Registre de mon progrès**

Activité
26

Améliorer ce que tu fais et apprendre quelque chose de nouveau

Date	Registre de mon progrès
____________	____
____________	____
____________	____
____________	____
____________	____
____________	____
____________	____

Amuse-toi à exercer des activités, les nouvelles autant que les autres ! Si tu te décourages parce que tu as l'impression de ne pas progresser, pense à ces vieux proverbes :

« C'est en forgeant qu'on devient forgeron. »

Ce que ça signifie : il faut beaucoup d'entraînement pour devenir bon(ne).

« Le succès se crée en avançant un pas à la fois. »

Ce que ça signifie : pour atteindre un objectif, même lointain, il faut y aller un pas à la fois et persévérer.

Points récompenses

5 points pour la lecture de cette activité et le choix d'activités à exercer (seulement la première fois).

2 points chaque fois que tu participes à une des activités choisies et que tu inscris ce que tu as fait.

Comment les gens exprimment leur sympathie

Activité **27**

À propos de cette activité

Tu réfléchiras à toutes les formes d'aide que tu obtiens des autres qui sont autant de signes que les gens autour de toi t'aiment et te veulent du bien. Si tu y réfléchis bien, tu te sentiras plus en sécurité et confiant(e).

Pense à ce que les autres font pour toi. Inscris les noms de ces personnes sur les lignes ci-dessous. S'il y a plus d'une personne, tu peux inscrire le nom de celle qui t'aide le plus souvent ou écrire tous les noms. Sur les lignes vierges à la fin de cette activité, tu peux ajouter d'autres choses que les gens font pour toi et inscrire le nom de ces personnes.

_______________________ lave mes vêtements.

_______________________ m'aide à l'école.

_______________________ me donne des friandises.

_______________________ prends soin de moi quand je suis malade.

_______________________ me cuisine de bons petits plats.

_______________________ m'amène à des endroits amusants.

_______________________ me reconduit à l'école.

_______________________ prends soin de mes dents.

_______________________ me fait rire.

_______________________ me reconduit à mes rendez-vous.

_______________________ m'apprend à pratiquer des sports.

Activité 27

Comment les gens expriment leur sympathie

____________________ m'aide à faire mes devoirs.

____________________ me prend dans ses bras.

____________________ joue à des jeux avec moi.

____

____

____

____

____

Points récompenses

3 points pour la lecture de cette activité.

5 points pour avoir rempli autant de lignes que possible.

2 points pour chaque activité d'aide que tu ajoutes à la liste.

Tendre la main

Activité
28

À propos de cette activité

Tu auras ici la possibilité de réfléchir aux gens qui t'aiment et prennent soin de toi. Lorsque tu réfléchis aux gens qui t'aident et que tu es reconnaissant(e), tu ne penses pas à ta timidité.

N'est-ce pas extraordinaire de penser à toutes ces personnes qui t'aident ? C'est vraiment génial qu'il y ait autant de gens qui prennent soin de toi. Chaque fois que quelqu'un fait quelque chose pour toi, par ses gestes, il te fait savoir que tu es spécial(e) à ses yeux. Lorsque tu traverses une journée difficile, pense à elles.

Qui est la personne qui t'aide le plus ? Écris ici son nom :

___

Réfléchis un peu et inscris la ou les choses les plus importantes que cette personne fait pour toi :

___

___

___

___

___

Tendre la main

Pense maintenant à ce que tu pourrais faire pour aider une personne de ton entourage. Tu pourrais effectuer une tâche normalement réalisée par ta mère ou aider ton père sans qu'on te le demande. Tu pourrais aussi aider quelqu'un à l'école ou dans ton voisinage. Inscris les dates et comment tu as fourni de l'aide.

Date	**Comment j'ai aidé**

Points récompenses

3 points pour la lecture de cette activité.

1 point pour avoir nommé la personne qui t'aide.

3 points chaque fois que tu aides quelqu'un.

Dire merci

À propos de cette activité

Tu auras l'occasion de remercier une personne spéciale pour toi. Lorsque tu la remerciera, elle se sentira bien et tu auras fait quelque chose de gentil. Quand tu agis gentiment, tu te sens bien toi aussi.

Les gens ont besoin les uns des autres. Beaucoup d'autres personnes t'aident et il est important de les remercier souvent. Lorsque tu remercies les gens, tu fais un geste qui les rend heureux, ce qui te rend aussi heureux(se).

Pense à une personne qui aimerait recevoir un petit mot de remerciement de ta part. Écris un mot ou confectionne une carte. N'oublie pas d'inscrire la raison pour laquelle tu remercies cette personne. Tu peux la lui remettre en mains propres ou la poster. Cette personne sera heureuse de recevoir un si gentil mot et risque même de le garder pour toujours !

Points récompenses

3 points pour la lecture de cette activité.

6 points pour l'écriture d'une note ou la confection d'une carte et pour l'avoir donnée à la personne visée.

Activité 30

Savoir s'exprimer avec justesse

À propos de cette activité

Tu apprendras à agir avec assurance, c'est-à-dire à exprimer aux gens ce que tu veux sans pour autant être trop ou pas assez ferme. Agir avec assurance, c'est ne pas agir avec timidité.

Te rappelles-tu de l'histoire de *Boucle d'or et les trois ours* ? Quand Boucle d'or est arrivée chez les ours, elle a trouvé trois bols de gruau. Le premier était trop chaud, le deuxième était trop froid et le troisième juste correct. Puis, elle a trouvé trois chaises… La première était trop grande, la deuxième trop petite et la troisième juste correcte.

« Juste correct » est l'expression importante ici. Des chaussures ne doivent pas être trop grandes ou trop petites... elles doivent être juste assez grandes ou juste correctes. L'eau du bain ne doit pas être trop froide ou trop chaude... elle doit être juste assez chaude. Il ne faut pas trop nourrir un chien… ni trop peu ; juste assez. Voici un autre exemple de « juste assez » :

Imagine que tu es au restaurant et que tu souhaites commander un sandwich au fromage grillé. Lorsque le serveur te demande ce que tu souhaites, si tu :

- ne dis rien ou parle trop doucement pour être entendu(e), ça ne fonctionnera pas ;
- crie « JE VEUX UN SANDWICH AU FROMAGE GRILLÉ MAINTENANT », ça ne fonctionnera pas non plus ;
- regarde le serveur et dis « J'aimerais avoir un sandwich au fromage grillé s'il vous plaît », ce sera parfait.

À ton tour maintenant. Lis l'exemple ci-dessous et coche la réponse parfaite.

Tu es au parc et un ami te demande si tu veux jouer au ballon. Tu n'as pas envie de jouer, alors tu :

- ☐ ne réponds pas et regarde ailleurs ;
- ☐ prends un air maussade et dis « Laisse-moi tranquille ! » ;
- ☐ adopte ton air agréable et dis « Non merci ! ».

Savoir s'exprimer avec justesse

As-tu choisi d'adopter un air agréable et de dire « Non merci ! » ? C'est la réponse « parfaite » ou « juste correcte ». Lorsqu'on te pose une question ou que tu souhaites exprimer ce que tu veux à quelqu'un, utilise ces trois étapes pour t'exprimer correctement :

1. Établis un contact visuel avec la personne.

2. Prends une voix claire juste assez forte pour que l'autre personne t'entende.

3. Dis toujours « S'il vous plaît » et « Merci ».

Exerce-toi à répondre avec assurance lorsque tu réponds à des questions ou que tu en poses à tes parents ou à ton conseiller. Après chaque question, demande à l'autre personne de t'évaluer jusqu'à ce que tu t'exprimes correctement. Demande à tes parents ou à ton conseiller ce que tu peux faire pour t'améliorer. Exerce-toi jusqu'à ce que tu réussisses les trois étapes.

Réponds à la question suivante : aimerais-tu avoir des œufs ou des céréales pour le petit déjeuner ?

- ☐ Lorsque j'ai répondu, j'ai établi un contact visuel.
- ☐ J'ai utilisé une voix claire, assez forte pour être entendue.
- ☐ J'ai dit : « Merci ! »

Exerce-toi à répondre oui à cette question : aimerais-tu jouer au Monopoly ?

- ☐ Lorsque j'ai répondu oui, j'ai établi un contact visuel.
- ☐ J'ai utilisé une voix claire, assez forte pour être entendue.
- ☐ J'ai dit : « Merci ! »

Exerce-toi maintenant à répondre non à la question à propos du Monopoly.

- ☐ Lorsque j'ai répondu non, j'ai établi un contact visuel.
- ☐ J'ai utilisé une voix claire, assez forte pour être entendue.
- ☐ J'ai dit « Merci ! »

Activité **30**

Savoir s'exprimer avec justesse

Imagine que tu es chez ta grand-mère et que tu lui demandes de te servir à boire.

- ☐ Lorsque j'ai demandé quelque chose à boire, j'ai établi un contact visuel.
- ☐ J'ai utilisé une voix claire, assez forte pour être entendue.
- ☐ J'ai dit : « S'il vous plaît ! »

Imagine que tu es chez une amie et que tu dois utiliser la salle de bains. Exerce-toi à lui demander si tu peux l'utiliser.

- ☐ Lorsque j'ai posé la question, j'ai établi un contact visuel.
- ☐ J'ai utilisé une voix claire, assez forte pour être entendue.
- ☐ J'ai dit : « S'il vous plaît ! »

Trouve maintenant une situation réelle dans laquelle tu pourrais agir avec plus d'assurance. Ce peut être de parler dans un restaurant, demander de l'aide à ton professeur ou te joindre à un groupe. Avec un partenaire, exerce-toi jusqu'à ce que tu aies suffisamment confiance en toi pour aborder correctement la situation, puis essaie dans une situation réelle.

Après avoir agi avec assurance dans une situation réelle, évalue ta performance en trois étapes.

Ma situation réelle : ____

- ☐ J'ai établi un contact visuel.
- ☐ J'ai utilisé une voix claire, assez forte pour être entendue.
- ☐ J'ai dit « S'il vous plaît ! » et « Merci ! » par la suite.

Continue de t'exercer à être une personne qui agit avec « juste assez » d'assurance. Tu franchiras ainsi une grande étape dans ton travail pour dire adieu à la timidité.

Points récompenses

5 points pour la lecture de cette activité.

2 points pour chaque fois que tu t'es exercé(e) à agir avec assurance.

5 points pour avoir agi avec assurance dans une situation réelle et pour t'être évalué(e).

Faire face à l'intimidation

Activité
31

À propos de cette activité

Il y a plusieurs façons de faire face à l'intimidation. Surtout, il faut savoir quand il est important d'en parler à un adulte.

As-tu déjà été intimidé(e) ? Si tu poses la question à tous les adultes et enfants que tu connais, il y a de fortes chances que tout le monde te dise qu'il a déjà été intimidé. Ce n'est jamais agréable d'être l'objet d'une forme d'intimidation. C'est désagréable et ça blesse les gens. Il est important de se rappeler de ne pas intimider les autres. Il est aussi important de savoir quoi faire si on commence à t'intimider ou à se moquer de toi. Voici quelques idées :

Jouer le disque qui saute

Il y a quelques années, on n'écoutait pas de musique sur des CD. On l'écoutait sur des disques en vinyle. Lorsqu'un disque était égratigné, il rejouait sans arrêt la même portion de musique. Dans cette bande dessinée, Louis agit comme un disque qui saute parce qu'il répète sans cesse la même phrase.

Si tu veux jouer le disque qui saute avec les gens qui tentent de t'intimider, choisis une réponse sans méchanceté et répète-la calmement à plusieurs reprises. La personne risque fort de se fatiguer et d'arrêter.

Prépare-toi à jouer le disque qui saute en écrivant ton propre scénario. Choisis une phrase avec laquelle tu es à l'aise et écris-la sur les lignes à la page suivante. Demande à un de tes parents ou à ton conseiller de jouer les tyrans pour que tu puisses t'exercer à jouer le disque qui saute.

Faire face à l'intimidation

Parent ou conseiller : « Hey, toi ! C'est vraiment stupide ce que tu as fait ! »

Toi : ____

Parent ou conseiller : « C'était stupide, autant que toi ! »

Toi : ____

Parent ou conseiller : « Je t'ai dit que c'était stupide et que tu agis stupidement ! »

Toi : ____

Parent ou conseiller : « Ah, laisse tomber ! » (Il cesse d'intimider.)

Exerce-toi jusqu'à ce que tu sois un disque qui saute parfaitement !

S'efforcer d'ignorer

Ignorer, c'est prétendre ne pas avoir entendu ce que l'autre a dit de méchant. Observe comment Geneviève ignore l'intimidation :

Demande à un de tes parents ou à ton conseiller de feindre de t'intimider pour que tu puisses t'exercer à ignorer. Ton parent peut utiliser les mêmes phrases que lors du précédent exercice, ou en inventer d'autres. Exerce-toi jusqu'à ce que tu ignores l'intimidation comme un(e) expert(e).

Essayer de changer de sujet

Changer de sujet peut être amusant. Choisis un sujet dont tu aimes parler et parles-en, peu importe ce que l'autre personne te dit. Observe comment Adam change de sujet en parlant de son jeu vidéo.

Parfois, lorsque tu changes de sujet, les gens arrêtent d'essayer de t'intimider. Il arrivera même que la personne qui joue les tyrans commence à discuter de ce sujet avec toi !

Demande à un de tes parents ou à ton conseiller de feindre de t'intimider pour que tu puisses t'exercer à changer de sujet. Il ou elle peut utiliser les mêmes phrases que lors du précédent exercice, ou en inventer d'autres. Exerce-toi jusqu'à ce que tu changes de sujet comme un(e) expert(e).

Une fois que tu t'es bien exercé(e) à jouer les disques qui sautent, à ignorer l'intimidation et à changer de sujet, il te sera facile de choisir le moyen qui te convient le mieux pour faire face à l'intimidation. Que penses-tu faire la prochaine fois qu'on tentera de t'intimider ?

Écris ta réponse ici : ____

Voici un élément très important à retenir : jouer les disques qui sautent, ignorer et changer de sujet sont trois excellentes façons de faire face à l'intimidation et aux moqueries d'une personne. Toutefois, si elle n'arrête pas ou qu'elle tente de s'en prendre à toi ou à tes biens, parles-en tout de suite à un adulte.

Points récompenses

5 points pour la lecture de cette activité.

3 points chaque fois que tu t'entraînes à une scène d'intimidation.

Activité
32

Non à l'intimidation

À propos de cette activité

Tu apprendras à arrêter les tyrans, par toi-même ou en trouvant un adulte qui peut t'aider. Agir pour cesser de te faire intimider est une action non timide !

Les tyrans blessent ou effraient les autres volontairement, à répétition. Les gens peuvent tyranniser de plusieurs façons. Ils peuvent le faire physiquement en poussant, frappant, en donnant des coups de pied ou en crachant sur une autre personne. Ils peuvent aussi se servir de mots pour menacer, dire des paroles méchantes ou répandre des rumeurs sur quelqu'un. Les tyrans peuvent aussi convaincre d'autres personnes d'être méchantes avec la personne qu'ils intimident et tenter de garder cette personne à l'écart du groupe.

Voici cinq choses à faire si quelqu'un tente de t'intimider :

1. **Le dire à un adulte.**
   Tu n'as pas à faire face seul à un tyran. Si le premier adulte à qui tu en parles ne t'aide pas, parles-en à un autre adulte.

   Exercice : Imagine qu'on t'intimide à l'école. À qui en parlerais-tu ? Demande à un de tes parents ou à ton conseiller de tenir le rôle de l'adulte à qui tu choisis d'en parler. Répète ce que tu dirais pour expliquer cette intimidation à un adulte.

2. **Rester avec un(e) ami(e).**
   Il est plus facile d'intimider quelqu'un qui est seul. Si tu es avec un(e) ami(e), tu auras de l'aide.

   Exercice : Quand risques-tu le plus d'être intimidé(e) ? Pourrais-tu rester avec quelqu'un au moment où tu penses être intimidé(e) ? Discutes-en avec un de tes parents ou avec ton conseiller.

3. **Ignorer le tyran.**
   Lorsqu'on les ignore, les tyrans finissent parfois par se fatiguer et cesser d'intimider. Essaie de t'en aller calmement. Si le tyran essaie de t'en empêcher, parles-en à un adulte.

   Exercice : Tu t'es peut-être exercée(e) à ignorer dans le cadre de l'Activité 31 : Faire face à l'intimidation. Cette fois-ci, exerce-toi de nouveau alors que ton parent ou ton conseiller agit encore plus méchamment. Discute de ce que tu peux faire si le tyran devient plus méchant alors que tu l'ignores.

4. **Adopte un langage corporel brave.**
Lorsque tu sembles apeuré(e) ou triste, le tyran peut devenir encore plus méchant. Agis plutôt avec bravoure – tiens la tête haute, tiens-toi bien droit(e) et marche avec confiance. Les tyrans s'attaquent souvent aux personnes qui semblent avoir peur. Alors, peu importe comment tu te sens, agis avec bravoure.

   Exercice : Exerce-toi à te tenir debout et à marcher en adoptant un langage corporel de bravoure. Demande à un de tes parents ou à ton conseiller de te faire des suggestions sur comment adopter un air confiant. Entraîne-toi jusqu'à ce que tu sois capable d'y arriver sans y penser.

5. **Parle avec assurance, tout en étant respectueux(se).**
Même si le tyran est méchant avec toi, ne sois pas méchant(e) avec lui. Dis fermement : « Je n'aime pas ça quand tu fais ça. Arrête tout de suite. »

   Exercice : Demande à un de tes parents ou à un conseiller d'agir comme un tyran. Répète ce que tu dirais au tyran pour qu'il arrête. Demande à un de tes parents ou à ton conseiller ce que tu peux faire pour améliorer ta réponse au tyran. Entraîne-toi jusqu'à ce que tu sois capable de la dire sans penser.

Si tu agis de la sorte, la plupart des gens cesseront de t'intimider et commenceront à être plus gentils avec toi. Pourtant, si une personne continue de t'intimider, dis-le aux autres jusqu'à ce que tu obtiennes de l'aide et que l'intimidation cesse.

Points récompenses

5 points pour la lecture de cette activité.

2 points chaque fois que tu répètes une des réponses suggérées avec un de tes parents ou avec ton conseiller.

Activité
33

Utiliser le discours intérieur positif

À propos de cette activité

Tu apprendras comment te faire des messages positifs, au lieu de te diminuer. L'utilisation du discours intérieur positif augmentera ton estime de toi. C'est une étape importante pour surmonter l'anxiété ou le sentiment de timidité.

Déplacer des montagnes, c'est faire une grande différence. En effectuant cette activité, tu changeras la manière dont tu réfléchis. Au fur et à mesure que tu changes ta façon de penser, tu changeras la façon dont tu te sens par rapport à toi-même et ça te permettra de déplacer des montagnes dans ta vie.

Les pensées des gens comprennent souvent le discours intérieur; les commentaires qu'ils se font à leur sujet dans leur tête. Bien des gens ont des pensées négatives à leur sujet. Si ton discours intérieur est négatif, tu ne te sentiras pas bien par rapport à toi-même, et tu risques de ne pas t'aimer autant que tu le devrais.

Voici des commentaires négatifs que les gens se font. Encercle ceux que tu t'es déjà dits.

Je suis stupide.	C'était stupide.
Personne ne m'aime.	Je suis laid(e).
Les gens trouvent que j'ai un drôle d'air.	Je ne fais rien de bon.
Je suis trop petit(e).	Je suis trop grand(e).
Ma voix est bizarre.	Mes cheveux sont horribles.
Mes oreilles sont trop grandes.	Mon sourire est bizarre.
Je suis gros(se).	Je suis maigre.
Je suis faible.	Je suis maladroit(e).
Je suis une moumoune.	Je n'ai pas d'amis.

Est-ce que tu te dis d'autres trucs négatifs ou méchants? Écris-les ici: ______________________

____

____

Utiliser le discours intérieur positif

Ces pensées négatives nous font sentir tristes, effrayés et nous contrarient. Lorsque tu les as, tu ne fais qu'empirer les choses. Pourtant, tu peux t'entraîner à briser cette mauvaise habitude.

Chaque fois que tu as une pensée négative, dis-toi : « Je dois arrêter d'avoir des pensées négatives. Je dois penser positivement. » Ou imagine qu'un policier dans ta tête te dit « Arrête ! Ces pensées négatives sont interdites » chaque fois que tu as une pensée négative.

Exerce différentes façons d'arrêter ce discours négatif. Si tu en trouves une que tu aimes, inscris-la ci-dessous.

Ma façon d'arrêter d'être négatif(ve) est :

____

Si les pensées négatives et mauvaises ne sont pas permises, tu dois occuper ton cerveau à autre chose. Il te faut donc trouver des pensées positives !

Voici des exemples de discours positif. Encercle ceux qui te conviennent le mieux.

Je suis intelligent(e).

Les gens m'aiment.

Je suis un(e) bon(ne) chanteur(se).

Je travaille fort.

Je mange des aliments sains.

J'aime aider les autres.

J'essaie toujours de faire les bonnes choses.

Je suis un(e) bon(ne) cuisinier(ère).

Je suis un(e) bon(ne) nageur(se).

Je suis gentil(le) avec les autres.

Je suis respectueux(se).

J'ai l'esprit sportif.

Les autres peuvent compter sur moi.

Je fais de l'exercice chaque jour.

Je suis bon(ne) au soccer.

Je suis propre.

Je souris souvent.

Je prends soin des autres.

Quelles autres choses positives peux-tu dire sur toi ?

____

____

Activité **33**

Utiliser le discours intérieur positif

En t'exerçant à adopter un discours intérieur positif, tu peux créer une bonne habitude. Voici un moyen de s'habituer à éliminer le discours négatif et à le remplacer par le discours positif.

Commence chaque journée avec 10 pièces d'un sou dans ta poche. Chaque fois que tu as une bonne pensée pour toi-même, prends un sou et change-le de poche. Lorsque tu as une pensée négative à ton propos, replace un sou dans la première poche. Si tu réussis à déplacer tous tes sous dans la bonne poche, prends une petite note pour ne pas oublier que tu as déplacé 10 pièces, puis recommence. Vois combien de pièces tu peux déplacer dans la bonne poche. Tiens un registre quotidien à l'aide du tableau ci-dessous :

Date	**Nombre de pièces dans la bonne poche**	**Date**	**Nombre de pièces dans la bonne poche**
________	________	________	________
________	________	________	________
________	________	________	________
________	________	________	________
________	________	________	________
________	________	________	________

Au début, il n'y aura peut-être pas une grande différence, mais tu dois continuer d'essayer. Chaque jour, cela deviendra un peu plus facile d'avoir de bonnes pensées sur toi. Plus tu penses à de bonnes choses à ton propos chaque jour, plus il te sera facile d'y croire. Et tu pourras alors déplacer des montagnes !

Points récompenses

6 points pour la lecture de cette activité.

2 points pour avoir encerclé les pensées négatives.

2 points pour chaque pensée négative ajoutée.

2 points pour chaque façon d'arrêter les pensées négatives.

2 points pour avoir encerclé les pensées positives.

2 points pour chaque pensée positive supplémentaire ajoutée.

2 points pour chaque journée où tu as consigné le déplacement de tes pièces.

Se concentrer sur le bon et sur le positif

Activité **34**

À propos de cette activité

Tu apprendras que lorsque les gens pensent aux bonnes choses, ils ont moins de temps pour penser aux mauvaises choses ou aux choses tristes. Plus tu penses aux bonnes choses, plus tu les remarqueras. Se concentrer sur le positif peut t'aider à dire adieu à la timidité.

Chaque jour, inscris les trois plus belles choses qui te sont arrivées cette journée-là. Plus tu en fais une habitude, plus tu aimeras ce qui se produit.

1. Tu commenceras à chercher, puis à trouver, de plus en plus de belles choses.
2. Tu te sentiras mieux parce que tu passes plus de temps à penser à des belles choses.
3. Parce que tu te sens mieux, les gens seront contents d'être avec toi.

Date	**Les trois plus belles choses qui te sont arrivées aujourd'hui**
______	______________________________
	______________________________
	______________________________
______	______________________________
	______________________________
	______________________________
______	______________________________
	______________________________
	______________________________

Activité 34

Se concentrer sur le bon et sur le positif

Date | **Les trois plus belles choses qui te sont arrivées aujourd'hui**

Écrire les trois plus belles choses qui t'arrivent chaque jour est une merveilleuse habitude à développer ; continue donc même lorsque ces lignes seront remplies. Tu peux continuer dans un cahier ou dans un journal. Tu créeras une liste de belles choses qui deviendra de plus en plus longue avec le temps. Lorsque tu traverses une journée difficile, lis ta liste. Si tu te remémores toutes les belles choses qui te sont arrivées, tu te sentiras mieux !

Points récompenses

3 points pour la lecture de cette activité.

1 point pour chaque bonne chose écrite.

Remarquer la gentillesse qui t'entoure

Activité

35

À propos de cette activité

Tu apprendras que lorsqu'on cherche la gentillesse, on la trouve. En remarquant les personnes gentilles et amicales, tu gagnes en confiance et tu n'agis pas avec timidité.

Parfois, les gens sont timides parce qu'ils croient que les autres ne les aiment pas, les jugent ou veulent rire d'eux. Ils peuvent se remémorer des périodes pendant lesquelles on les a ignorés ou on n'a pas été gentil avec eux, et ils font l'erreur de croire que bien des gens agiront comme tel. C'est ce qui fait qu'il est facile de se sentir triste ou d'avoir peur et de continuer à agir avec timidité.

Pourtant, voici la bonne nouvelle : il existe bien des personnes gentilles et amicales. Tu peux d'ailleurs t'exercer à les reconnaître. Ce faisant, ce sera de plus en plus facile de remarquer les gestes amicaux lorsqu'ils se produisent. Ce sera de plus en plus facile pour toi de te sentir heureux(se) plus souvent. Lorsque tu es heureux(se) et que tu remarques les personnes gentilles et amicales qui t'entourent, tu gagnes en confiance et tu n'agis pas avec timidité.

Activité

35

Remarquer la gentillesse qui t'entoure

Il est maintenant temps de jouer au détective et de rechercher ce que les gens font de gentil autour de toi. Voici des exemples :

- Te sourire.
- Te dire bonjour.
- Te complimenter.
- Te taper sur l'épaule.
- Te demander de jouer avec toi.
- Te regarder gentiment.
- T'écouter.
- Te poser une question gentille.
- T'aider.
- T'offrir quelque chose.
- Te tenir la porte.
- Te demander de partager tes idées avec eux.
- Te demander de l'aide.

Quelles sont les façons dont les gens te démontrent leur gentillesse ? Écris-les ici :

____

____

____

Remarquer la gentillesse qui t'entoure

Activité 35

Il est maintenant temps de t'exercer à détecter des signes de gentillesse. Pendant 10 jours, compte les signes de gentillesse que tu remarques. Tu peux utiliser des pièces d'un sou pour garder le compte, comme tu l'as fait dans les activités précédentes, ou tu peux utiliser le moyen de ton choix. N'oublie pas que c'est bien d'encourager la gentillesse en envoyant des signaux de gentillesse, comme envoyer la main, sourire et regarder les gens dans les yeux.

Jour	Nombre de signes amicaux	Qui a fait ces signes	
1			
2			
3			
4			
5			
6			

Activité
35

Remarquer la gentillesse qui t'entoure

7	________	________________ ________________
		________________ ________________
8	________	________________ ________________
		________________ ________________
9	________	________________ ________________
		________________ ________________
10	________	________________ ________________
		________________ ________________

BRAVO!

Points récompenses

3 points pour la lecture de cette activité.

2 points pour avoir énuméré des façons dont les gens expriment leur gentillesse.

2 points pour chaque journée où tu as noté des signes de gentillesse.

Être juste et ne pas comparer

Activité
36

À propos de cette activité

Tu apprendras qu'il n'est pas bien de te comparer aux autres. Si tu t'exerces à penser positivement à ce que tu es plutôt que de te demander qui est « le meilleur », tu te sentiras beaucoup mieux avec toi-même.

Peu de gens aiment être comparés aux autres. « Pourquoi n'es-tu pas comme ta sœur ou ton frère ? » Personne n'aime entendre ça. Pourtant, bien des gens ont tendance à se comparer.

Les gens se comparent souvent à une personne qu'ils trouvent meilleure. Plutôt que de dire « Je m'améliore à la corde à sauter », ils se disent « Justine est meilleure que moi à la corde à sauter ». En se rabaissant, puis en ne se sentent pas à la hauteur. Ils peuvent alors se mettre à éviter certaines activités et même abandonner.

Tu peux t'exercer à éviter les comparaisons et les sentiments négatifs en développant une bonne estime de toi et en adoptant des pensées positives. Dans chacune des situations ci-dessous, lorsque Rémi se compare à une autre personne, il se sent encore plus mal. Lorsqu'il adopte des pensées positives, il se sent mieux et persévère.

Ce qui s'est passé : Rémi a terminé la course à la deuxième place.

Activité
36

Être juste et ne pas comparer

Ce qui s'est passé : Rémi a obtenu C+ dans son dernier examen.

Lis maintenant les situations qui suivent. Imagine ce que Rémi a pensé ou ressenti et écris tes idées dans les espaces ci-dessous.

Ce qui s'est passé : Sandrine a choisi Jonathan comme partenaire de lecture au lieu de Rémi.

Rémi pensera que personne ne l'aime s'il se dit,

par exemple : ____.

Rémi se sentira mieux s'il se dit : ______________________________

____.

Ce qui s'est passé : Rémi a réussi six redressements assis. Sacha en a réussi onze.

Si Rémi se dit « Si Sacha en a réussi cinq de plus que moi, c'est parce que je suis faible », Rémi se sentira :

____.

Rémi se sentira mieux s'il se dit : ______________________________

____.

Être juste et ne pas comparer

Activité 36

Tu vois comme il est nocif de te comparer à quelqu'un d'autre et à quel point la pensée positive peut t'aider? Exerce-toi à voir les choses positivement plutôt que d'utiliser des comparaisons négatives pour expliquer des événements qui se sont produits dans ta vie.

Ce qui s'est passé: ____________________

Ta pensée positive: ____________________

____

Comment tu t'es senti(e): ____________________

____

Ce qui s'est passé: ____________________

Ta pensée positive: ____________________

____

Comment tu t'es senti(e): ____________________

____

Ce qui s'est passé: ____________________

Ta pensée positive: ____________________

____

Comment tu t'es senti(e): ____________________

____

Points récompenses

5 points pour la lecture de cette activité.

2 points pour avoir rempli les espaces vierges dans chacun des exercices concernant Rémi.

2 points pour tes réponses dans chaque section «Ce qui s'est passé».

Activité
37

Quelle est la pire chose qui pourrait arriver?

À propos de cette activité

Tu apprendras que la plupart des choses desquelles les gens s'inquiètent ne sont jamais aussi graves qu'ils l'imaginent. Si tu apprends à penser positivement, tu t'inquièteras moins. Tu seras alors plus heureux(se) et moins timide.

Beaucoup de gens s'inquiètent trop. Chaque jour, ils perdent leur temps à penser aux mauvaises choses qui pourraient arriver et se posent des questions comme:

- Que se passera-t-il si je trébuche en marchant?
- Que se passera-t-il si personne ne s'assoit avec moi au dîner?
- Qu'arrivera-t-il si je m'enfarge et que je tombe?
- Et si je pose une question et que les gens rient?
- Et si les autres enfants ne m'aiment pas?

Cette activité te permet de faire quelque chose de vraiment amusant: faire des erreurs volontairement! En faisant volontairement des erreurs, tu te rendras compte que le pire qui peut arriver n'est pas si pire que ça. Voici quelques idées:

1. En parlant à quelqu'un, trompe-toi volontairement. Par exemple, en croisant ton professeur, dis-lui « Bon professeur Mme journée », au lieu de lui dire « Bonne journée Mme la professeure ». Ou bien, si tu vois ta mère avec une jolie robe rose, dis-lui « Tu as une jolie rose robe Maman » au lieu de lui dire « Tu as une jolie robe rose Maman ». Exerce-toi à parler en mélangeant tes phrases pour pouvoir les prononcer naturellement. Après avoir parlé en mélangeant tes mots, vois si tu es en mesure d'en rire. Termine en disant: « Wow, c'était pas mal mêlé tout ça! Je voulais dire... » Tu peux essayer avec plusieurs personnes pour voir comment elles réagissent et comparer leurs réactions.

2. Utilise un carnet rempli de feuilles mobiles. Exerce-toi à la maison à échapper ton carnet et à faire voler les feuilles partout. Puis, déplace-toi dans un endroit public et échappe ton carnet en marchant. Choisis un moment et un endroit où ton petit tour ne causera pas une grande commotion. Certaines personnes ignoreront ce qui s'est passé. D'autres t'aideront peut-être à ramasser tes feuilles. Essaie devant deux groupes différents. Dis-toi: «Tout le monde fait des erreurs. Quelle est la pire chose qui peut arriver?»

3. Avec la permission de tes parents, trouve un moyen inhabituel de porter tes vêtements en public. Tu peux choisir deux chaussettes ou deux chaussures différentes. Ou encore de porter ton chandail ou ton manteau à l'envers. Tu remarqueras que bien des gens ne remarqueront même pas que tu portes tes vêtements bizarrement. Si quelqu'un le remarque, tu peux dire : « C'est vrai que j'ai l'air bizarre ! » Ou encore : « C'était beaucoup plus joli ce matin quand je me suis regardé(e) dans le miroir ! » Essaie à deux reprises de porter bizarrement tes vêtements. Vois si tu es capable de t'amuser et de rire de la situation.

Tu peux aussi essayer d'autres types d'erreur de ton choix. Peu importe ce que tu décides de faire, essaie-le à deux reprises et inscris-le ci-dessous.

Ce que tu as dit ou fait : ____________________

As-tu ri ? ☐ Oui ☐ Non

Comment l'autre (les autres) personne(s) ont réagi : ____________________

____

Ce que tu as dit ou fait : ____________________

As-tu ri ? ☐ Oui ☐ Non

Comment l'autre (les autres) personne(s) ont réagi : ____________________

____

Tu sais maintenant que si tu acceptes que les erreurs fassent partie de ta vie, tu pourras y faire face positivement. N'oublie pas que ta façon de voir les choses affecte tes sentiments et ton comportement. Il est donc très important d'être positif. Si tu t'inquiètes de faire des erreurs, demande-toi : « Quelle est la pire chose qui pourrait arriver ? »

Points récompenses

5 points pour la lecture de cette activité.

3 points pour chaque fois que tu t'es exercé(e) à faire une erreur et que tu l'as notée.

Activité **38**

Devenir un leader

À propos de cette activité

Tu apprendras qu'en n'agissant pas avec timidité, tu deviens une personne qui peut réaliser de grandes choses. Tu gagneras en confiance, en habiletés et en outils qui peuvent tous te transformer en leader.

Observe les phrases ci-dessous. Laquelle décrit comment tu as changé depuis que tu as commencé à travailler les activités de ce livre? Si la timidité n'est plus un grand problème pour toi, plusieurs de ces énoncés pourraient être vrais. Lis les phrases et coche celles qui décrivent bien comment tu te sens en ce moment.

	J'ai besoin de plus d'entraînement	**Je fais du progrès**	**Je réussis sans problème**
Je sais comment me calmer et être plus détendu(e).	☐	☐	☐
Je sais à quel point il est important de voir le bon côté des choses.	☐	☐	☐
Je sais que lorsque je m'entraîne, je deviens meilleur(e) et ça devient plus facile.	☐	☐	☐
Je fais bien plusieurs choses.	☐	☐	☐
Je peux vivre avec mes erreurs sans me rabaisser.	☐	☐	☐
Je sais le type de chose que j'aimerais faire dans l'avenir.	☐	☐	☐
J'agis plus gentiment avec les gens.	☐	☐	☐
Je remarque davantage les personnes gentilles et amicales.	☐	☐	☐

Devenir un leader

	J'ai besoin de plus d'entraînement	Je fais du progrès	Je réussis sans problème
Je sais que les héros font toujours ce qu'il faut, même quand c'est difficile.	☐	☐	☐
J'en fais plus pour les autres.	☐	☐	☐
Je sais comment faire face aux moqueries et à la tyrannerie.	☐	☐	☐
Je remarque plusieurs belles et bonnes choses qui se produisent chaque jour.	☐	☐	☐
Je me sens plus brave que lorsque j'ai commencé les activités de ce livre.	☐	☐	☐
Je me suis fait au moins un(e) nouvel(le) ami(e).	☐	☐	☐

Maintenant que tu as commencé à faire des changements et que la timidité est moins un problème dans ta vie, tu fais ce qu'il faut pour devenir un leader. Plus tu en fais, plus vite tu deviendras un leader.

Points récompenses

5 points pour avoir lu cette activité et avoir rempli la liste de vérification.

Activité
39

Apprendre en enseignant

À propos de cette activité

Un bon moyen d'apprendre à bien faire quelque chose est de l'enseigner à quelqu'un d'autre. Cette activité se concentre sur les leçons importantes que tu as apprises. En partageant ce que tu as appris avec d'autres, tu les aideras en améliorant toi aussi ta compréhension.

Tu as appris bien des choses en effectuant les activités de ce livre. Tu les maîtriseras encore mieux en les enseignant à une autre personne. À qui ? Peut-être as-tu un jeune frère, une sœur ou un(e) ami(e) que tu aimerais aider. Tu peux le faire en leur expliquant et en leur montrant ce que tu as appris pour changer tes gestes et ta façon de voir les choses. Par exemple, ta petite sœur ne sait peut-être pas comment répondre au téléphone. Tu pourrais lui apprendre avec un faux téléphone et t'exercer avec elle. Lorsqu'elle sera confiante, tu pourras lui demander de répondre à un appel.

À qui peux-tu enseigner une nouvelle aptitude ou habileté ?

____

Que peux-tu enseigner à cette personne ?

____

____

Qu'as-tu appris lorsque tu as montré cette nouvelle aptitude ou habileté ?

____

____

Apprendre en enseignant

Beaucoup de personnes t'aident, et il est important que tu aides aussi les autres à apprendre ce que tu as appris pour devenir plus brave et moins timide. Voici des moyens d'aider les autres :

- Si une personne dans ta classe semble trop timide pour lire ou poser des questions, dis-lui que tu sais qu'il ou qu'elle en est capable.

- Si une personne dans ta classe a de la difficulté à faire ses devoirs dans une matière dans laquelle tu es excellent(e), demande à ton professeur si tu peux l'aider.

- Si tu vois un enfant seul au parc ou à la cafétéria pendant le lunch, demande-lui s'il aimerait jouer ou parler.

- Si tu vois quelqu'un qui semble timide, souris et dis-lui bonjour. Ne sois pas étonné(e) si cette personne ne te répond pas immédiatement. Continue tout simplement à sourire et à dire bonjour chaque fois que tu la vois. Éventuellement, cette personne verra que tu es gentil(le) et l'appréciera. Peut-être même qu'elle finira par te répondre et sourire en retour !

Décris ci-dessous un moment où tu as essayé d'aider quelqu'un :

1. ______________________________

____

____

2. ______________________________

____

____

3. ______________________________

____

____

4. ______________________________

5. ______________________________

6. ______________________________

7. ______________________________

8. ______________________________

Points récompenses

5 points pour la lecture de cette activité.

10 points pour avoir répondu aux trois questions et avoir essayé d'enseigner une nouvelle aptitude ou habileté à quelqu'un.

3 points pour chaque réponse écrite qui décrit ce que tu as fait pour aider une autre personne.

Vérifier ton progrès

Activité
40

À propos de cette activité

Tu développeras l'habitude de vérifier régulièrement ton progrès. Cette vérification régulière t'aidera à continuer d'adopter les comportements positifs appris.

Les personnes timides évitent souvent les situations sociales. Elles ont parfois peur de tomber ou d'être embarrassées. Ou encore, elles souhaitent éviter les pensées ou sentiments négatifs qu'elles ont déjà ressentis. Ce n'est pas une bonne idée d'éviter les situations sociales parce que tu t'empêches d'acquérir précisément ce dont tu as besoin : de l'expérience, de l'entraînement et encore plus de succès avec tes comportements sociaux.

Lorsqu'une voiture est neuve ou qu'elle vient d'être réparée, elle roule toujours bien. Pourtant, après un certain temps, les pièces peuvent s'user et la voiture peut moins bien fonctionner en raison d'autres problèmes. Lorsque cela se produit, la voiture peut avoir besoin d'une mise au point.

De la même façon qu'on peut inspecter une voiture pour savoir si elle a besoin d'une mise au point, tu peux inspecter tes comportements pour savoir comment ils se portent. Dans ce livre, tu as appris et exercé plusieurs comportements sociaux. Répètes-tu toujours toutes les merveilleuses habiletés et aptitudes que tu as apprises ? Ou as-tu besoin d'une mise au point ?

Évalue-toi par rapport aux comportements suivants. Si ta note est dans la section « Mise au point nécessaire », tu peux réviser l'activité et t'exercer davantage. Tous les deux mois, observe cette liste pour déterminer si tu as besoin d'une mise au point.

Activité 40

Vérifier ton progrès

Étape 1

Procure-toi un calendrier de l'année à venir et accroche-le à un endroit où tu pourras le voir chaque jour. Encercle la date d'aujourd'hui et tous les deux mois jusqu'à la fin de l'année.

Étape 2

Encercle le chiffre qui décrit ta performance par rapport aux comportements sociaux suivants :

Comportement	**Mise au point nécessaire**				**Place à l'amélioration**			**Tout va bien**			
Regarder les gens dans les yeux (Activité 11 : Établir un contact visuel)	0	1	2	3	4	5	6	7	8	9	10
Adopter un langage corporel positif (Activité 12 : Le langage du corps)	0	1	2	3	4	5	6	7	8	9	10
Sourire (Activité 13 : Apprendre à sourire aux autres)	0	1	2	3	4	5	6	7	8	9	10
Parler de façon détendue et confiante (Activité 15 : Afficher sa confiance lorsqu'on parle)	0	1	2	3	4	5	6	7	8	9	10
Saluer les gens (Activité 16 : Chasse la timidité – dis bonjour !)	0	1	2	3	4	5	6	7	8	9	10
Tenter de rencontrer de nouvelles personnes (Activité 17 : Rencontrer de nouvelles personnes)	0	1	2	3	4	5	6	7	8	9	10
Parler aux gens (Activité 18 : Se faire des amis)	0	1	2	3	4	5	6	7	8	9	10

Étape 3

Pour chaque comportement qui tombe dans la section « Mise au point nécessaire », tu peux réviser l'activité déjà réalisée. Répète le comportement jusqu'à ce qu'il devienne une habitude quotidienne.

Étape 4

Tous les deux mois, à la date inscrite sur ton calendrier, vérifie tes comportements. Cette auto-évaluation t'aidera à continuer d'exercer tes comportements positifs.

Points récompenses

3 points pour la lecture de cette activité.

5 points pour avoir rempli les évaluations.

5 points pour chaque vérification aux deux mois.

**** Pour chaque activité que tu pratiques, accorde-toi aussi les points inscrits à la page de l'activité.**

Activité **41**

Planifier pour l'année prochaine

À propos de cette activité

Tu établiras des objectifs pour l'année à venir et élaboreras un plan pour t'aider à les atteindre. Élaborer un plan peut t'aider à éloigner la timidité.

N'est-ce pas merveilleux que tu puisses faire autant de choses autrefois si difficiles ? Que feras-tu pour devenir encore plus brave, fort(e) et plus apte ? Inscris ton plan annuel dans l'espace ci-dessous.

J'ai ___________ ans. Dans un an, j'aurai ___________ ans.

Dans un an, voici ce que j'aimerais faire différemment dans ma vie, avec ma famille :

____

____

Voici les changements que j'aimerais apporter à mes amitiés d'ici un an :

____

____

Voici les changements que j'aimerais apporter à mes études d'ici un an :

____

____

Dans un an, ce sont les activités auxquelles j'aimerais participer à l'école :

____

____

Planifier pour l'année prochaine

Activité **41**

Maintenant que tu as eu le temps de réfléchir à l'avenir, il est temps de planifier la façon dont ces changements s'opéreront.

Que peux-tu faire auprès de ta famille à partir de maintenant ?

Que peux-tu faire dès maintenant pour améliorer ta relation avec tes ami(e)s ?

Lorsque tu réfléchis aux changements que tu veux apporter dans tes études, que pourrais-tu commencer à faire dès maintenant pour qu'ils deviennent réalité ?

Lorsque tu penses aux activités auxquelles tu aimerais participer à l'école l'an prochain, que pourrais-tu faire à partir de maintenant ?

Points récompenses

2 points pour avoir lu cette activité et avoir inscrit les âges.

2 points pour chaque réponse écrite.

Activité 42

Constate à quel point tu t'es amélioré(e)

À propos de cette activité

Tu auras la possibilité de réfléchir au progrès que tu as fait depuis que tu as commencé les activités de ce livre. Tu peux être fier(ère) de toi ! Tu as fait beaucoup de chemin !

Rappelle-toi à quel point la timidité prenait de la place dans ta vie lorsque tu as commencé les activités de ce livre ? Retourne à l'Activité 3 : Comment ressens-tu ta timidité ? et constate à quel point ta timidité prenait de la place. Si tu as effectué les exercices de ce livre et que ta timidité a diminué ou disparu, il est maintenant temps que tu fasses cette activité. Si la timidité est encore un problème dans ta vie, reprends les activités qui t'aideront le plus. Lorsque tu auras décidé que la timidité n'est plus ou presque plus un problème pour toi, dessine-toi avec ta timidité dans l'encadré qui suit.

Inscris la date pour te rappeler quand tu as fait ce dessin : ______________________________

Constate à quel point tu t'es amélioré(e)

Activité **42**

Pourquoi penses-tu que la timidité n'est plus ou presque plus un problème dans ta vie ?

Que fais-tu ou qu'as-tu fait différemment ?

Lequel de tes actions ou gestes t'a le plus aidé(e) ?

Qui t'a le plus aidé(e) ? N'oublie pas de lui dire merci !

Constate à quel point tu t'es amélioré(e)

Si tu constates que la timidité redevient un problème dans ta vie, rappelle-toi que tu sais maintenant quoi faire pour t'aider. Tu peux utiliser le système en cinq étapes des Activités 11 et 13 chaque fois que tu souhaites modifier un comportement.

Remplis les espaces vierges ci-dessous pour te remémorer les cinq étapes :

1. Dresser une liste de ______________________ à ______________________.
2. Tenir un ______________________quotidien.
3. Commencer avec le comportement ______________________.
4. Lorsque tu es prêt(e), essaie le comportement au niveau ______________________.
5. Exerce-toi jusqu'à ce que tu aies développé un nouveau ______________________.

Points récompenses

3 points pour la lecture de cette activité.
3 points pour avoir fait un dessin.
1 point pour chaque question à laquelle tu as répondu.
2 points pour avoir inscrit les cinq étapes.

Richard Brozovich, Ph.D., est psychologue scolaire agréé et psychologue agréé de l'État du Michigan. Il a travaillé auprès des enfants en milieu scolaire et dans sa pratique privée pendant plus de 40 ans. Il s'intéresse particulièrement aux enfants anxieux et timides et à ceux qui adoptent le mutisme sélectif. Il est l'auteur et le coauteur de plusieurs publications sur les enfants en famille d'accueil, les troubles d'apprentissage, le trouble déficitaire de l'attention et les ressources scolaires. Il rédige depuis 10 ans une chronique hebdomadaire dans un quotidien sur les enjeux liés à l'école, dans le domaine de la psychologie. En 2003, Richard Brozovich a été nommé psychologue scolaire de l'année de l'État du Michigan par ses pairs.

Linda Chase, MSW, est travailleuse sociale en milieu scolaire et a travaillé comme psychothérapeute spécialisée auprès d'enfants et de familles. Elle est coauteure de livres sur les enfants en famille d'accueil et le mutisme sélectif. Elle donne des ateliers aux enfants et parents sur des sujets variés, comme les aptitudes à la vie quotidienne, la communication et la résolution de problèmes.